Paixão pelo Possível

Um Guia para a Realização do seu Verdadeiro Potencial

Jean Houston

Paixão pelo Possível

Um Guia para a Realização do seu Verdadeiro Potencial

Tradução
CARMEN FISCHER

EDITORA CULTRIX
São Paulo

Título do original:
A Passion for the Possible

Expressamos nossos agradecimentos pelas empresas e pessoas a seguir, por nos permitir a reprodução de material já publicado: Bear & Co. pelos trechos de *Meditations with Hildegard of Bingen*, de Gabrielle Uhlein. Copyright © 1983, Bear & Co., Santa Fe, NM. Citação de "The Dry Salvages", *in Four Quartets*, copyright © 1941 de T. S. Eliot e renovada em 1969 por Esme Valerie Eliot. Reprodução com permissão de Harcourt Brace & Company e Faber & Faber Ltd. Jean Houston e Howard Jerome pelo poema "Você é Mais!" Copyright © 1979 de Jean Houston. Oriah Mountain Dreamer pela permissão para reproduzir "O Convite" de *Dreams of Desire.* Oriah Mountain Dreamer é escritora, professora e facilitadora de *workshops*. Pode-se entrar em contato com ela através do seguinte endereço 300 Coxwell Avenue, Box 22546, Toronto, Ontario, M4L 2A0, Canada. As citações de Rumi foram extraídas de Annemarie Schimmel, *The Triumphal Sun: A Study of the Works of Jalaloddin Rumi* (Londres e Haia: East-West Publications, 1980).

Edição	Ano
1-2-3-4-5-6-7-8-9	99-00-01-02-03

Direitos de tradução para o Brasil
adquiridos com exclusividade pela
EDITORA CULTRIX LTDA.
Rua Dr. Mário Vicente, 374 – 04270-000 – São Paulo, SP
Fone: 272-1399 – Fax: 272-4770
E-mail: pensamento@snet.com.br
http://www.pensamento-cultrix.com.br
que se reserva a propriedade literária desta tradução.

Impresso em nossas oficinas gráficas.

Para Catherine Tatge,
Dominique Lasseur e
Kenneth Cavander,
Parceiros no Possível;

e para Paula Perlis,
que entende de comida
em todos os quatro níveis.

Sumário

Um Convite para Saber Mais sobre Quem Você é

Você! Eu conheço você.

Você pode achar que eu não sei quem você é, mas eu sei.

Você é uma pessoa que busca. É um passarinho abrindo as asas para voar. Você sabe intuitivamente que tem potenciais que mal começou a perceber. É um botão prestes a desabrochar. Uma crisálida à espera de transformar-se numa borboleta.

Encontrei-a no supermercado, quando estava toureando duas crianças espevitadas e empurrando um carrinho repleto de compras. Vi você suspirando saudosa diante da estante de livros. Seu semblante exibia o olhar determinado de alguém que sabe que a vida é mais do que comida congelada e narizes escorrendo.

A 35 pés de altura, eu fui sua companheira de viagem. Você contou-me que seu filho de 12 anos jogara uma partida de beisebol memorável na noite anterior, enquanto você estava em um quarto de hotel a milhares de quilômetros de distância. Você disse que seu sonho era deixar seu emprego como vendedor e abrir uma loja de artefatos de madeira na cidade em que mora.

Ouvi-a enquanto você me falava da descoberta de que era uma escritora. Embora tudo o que tivesse até então como prova de seu empenho fosse um caderno cheio de histórias não-publicadas e uma caixa de sapatos cheia de cartas de recusa, ainda assim estava trabalhando arduamente no esboço de um romance.

Conheci você quando era uma jovem estudante universitária com o mundo descortinando-se à sua frente. Você é cheia de ideais, potenciais e sonhos, mas ainda não sabe como canalizar essas energias – sem falar em como pagar os empréstimos que financiaram seus estudos.

Você veio para me contar como é ser uma sobrevivente do câncer. Você está viva e contente por isso. Seu parceiro de longa data não suportava hospitais e abandonou-a no meio da quimioterapia, mas você entrou para um grupo de pessoas que também superaram a doença e está treinando para ajudar outras vítimas do câncer.

Você é aquela mulher de cinqüenta e poucos anos no meu seminário, cuja filha mais nova tinha acabado de sair de casa para cursar a universidade. Apesar de seu marido achar que "realização pessoal" não passa de uma grande bobagem, você se inscreveu em um curso vespertino sobre religiões do mundo e em vários outros seminários além do meu. "É a minha vez", você me disse. "Estou aqui para descobrir o que vem a seguir."

Quem quer que você seja e qualquer que seja sua vida, eu conheço você como conheço a mim mesma. Enfrentamos os mesmos desafios. Estamos vivendo na época de mudanças mais rápidas e abrangentes de toda a história humana.

A maioria de nós vai superar de cinco a cinqüenta vezes a experiência de nossos ancestrais de duzentos anos atrás. Muitos deles receberam, ao nascer, o padrão ao qual teriam de se conformar: ser agricultores, tecelões, soldados, sacerdotes ou mães que parem e enterram um filho após o outro. Rico ou pobre, camponês ou aristocrata, a vida deles seguia as mesmas fórmulas de seus antepassados. Havia algumas vantagens, é claro. Eles sabiam quem eram, o que dizer aos filhos, usufruíam o conforto da mesmice e a falta de opções.

E então tudo mudou. Dizem que ocorreram tantos eventos de 1945 até hoje quanto ocorreram nos duzentos anos anteriores. A antiga maldição "que vivam em tempos interessantes" realizou-se para nós. É isso – a época mais interessante da história humana. Nada comparável aconteceu com a humanidade desde a Revolução Industrial ou, ainda antes, desde que abandonamos a vida nômade de caçadores e coletores e nos assentamos em aldeias agrícolas, iniciando o processo de civilização.

Nossa vida cotidiana reflete esse salto quantitativo na complexidade e no ritmo da vida contemporânea. Fomos pegos de surpresa, inseguros, despreparados e desprotegidos diante da avalanche de acontecimentos. Somos o povo do período entre parênteses, que vive no final de uma era sem ainda estar no início de uma nova. Alguns de nós fogem da fúria avassaladora. Trabalhamos compulsivamente. Ou encontramos um consolo entorpecente em vícios ou diante da televisão. Um número excessivamente grande conforma-se com uma vida monótona e com o enfraquecimento progressivo da paixão pela vida.

Mas muitos, um número significativo, estão procurando entender a grande oportunidade que nos está sendo dada. O futuro é semeado no período entre parênteses. Estamos entre as pessoas mais importantes que já viveram. Aquelas que decidirão se a humanidade irá prosperar ou morrer, evoluir ou perecer.

Como nos prepararmos para esses tempos? Como nos prepararmos para assumir a responsabilidade tanto pelo processo pessoal quanto pelo planetário? Não fomos preparados para essa tarefa e as fórmulas usuais e as soluções paliativas não nos ajudarão. A densidade e a intimidade da aldeia global, as conseqüências avassaladoras de nossos novos conhecimentos e tecnologias fazem de nós dirigentes de um mundo pelo qual, até agora, fomos quase sempre dirigidos.

Hoje, nossa consciência humana extremamente limitada tem poderes sobre a vida e a morte que um dia eram atribuídos miticamente aos "deuses". Uma consciência extremamente limitada que, com o apertar de um botão, pode desencadear um holocausto nuclear. Uma consciência extremamente limitada que interfere no código genético, nos padrões complexos do mar e da terra, e despeja poluentes nas camadas de ozônio que protegem a Terra, provocando a extinção de inúmeras espécies animais e vegetais. Uma consciência extremamente limitada que matou 100 milhões de pessoas nos últimos sessenta anos.

Essa mesma consciência extremamente limitada nos impõe governos que são amplos demais para tratar dos pequenos problemas da vida e estreitos demais em espírito para tratar dos grandes problemas. A consciência extremamente limitada não consegue lidar com a violência étnica e tribal e com a fúria dos "sem-terra", com a compulsão ao consumo e ao uso de substâncias que dilaceram o espírito e a própria subsistência da vida neste planeta. Em vez disso, a consciência extremamente limitada oferece-nos uma miscelânea de soluções que criam dez novos problemas cada vez que tentam resolver um.

Que qualidades da mente, do corpo e do espírito podem superar essas limitações? Como podemos nos preparar para nos tornarmos dirigentes do planeta, com suficiente paixão pelo possível para nos tornarmos aliados nesse enorme processo de transformação jamais visto?

Este livro procura descobrir e desenvolver essas qualidades. Trata da nossa capacidade inata de desenvolver uma paixão pelo possível por meio do uso mais eficaz dos nossos potenciais inatos. Somente dessa maneira podemos enfrentar o desafio de nosso tempo e atravessar as águas perigosas que separam a era que está acabando da que está por surgir. Por mais insatisfatória que possa ser nossa vida, por mais baixa que seja nossa auto-estima, somos chamados pela necessidade da nossa época a mostrar nossa grandiosidade e não temos outra escolha senão aceitar esse desafio.

Talvez você ache essa tarefa impossível. Todos nós nos sentimos impotentes quando se trata de interromper a torrente de problemas que devastam o planeta ou de transcender nossas limitações pessoais. Conheço bem o desespero que eu mesma sinto quando vejo o noticiário vespertino ou leio o jornal da manhã. E, por experiência própria, sei como a imprensa distorce a verdade dos fatos para tornar um caso vendável, destruindo vidas e carreiras nesse processo. Sinto muitas vezes minha própria incompetência em servir ao mundo e a este tempo como eu gostaria de servir antes de morrer. E posso entender aqueles que também sentem que estão deixando escapar a oportunidade de fazer algo que faça alguma diferença e torne o mundo melhor.

Mas então lembro-me com nitidez, como estou certa de que você também se lembra, da imagem da Terra vista do espaço pela primeira vez. Para muitos povos da Terra, a visão do planeta suspenso no espaço despertou algo muito profundo no espírito humano. Subitamente, compreendemos que pertencemos a uma unidade muito maior de vida e de povos. Depois de vermos aquela imagem de Casa, começamos a valorizar o planeta como um todo, não apenas nosso país ou nação em particular. Começamos a entender que uma parte do mundo não pode mais dominar as outras pelo poderio econômico ou pela força militar.

Em meio ao caos das mudanças aceleradas, surgiu uma luz extraordinária. Fatores únicos na história humana equilibram-se para nos ajudar a nos tornarmos mais do que jamais imaginamos poder ser. Vislumbramos para o próximo século o advento de uma sociedade global que anuncia o fim das velhas hostilidades e o surgimento de novos meios de utilizarmos os aspectos comuns de nossa humanidade e suas diferentes culturas. Na verdade, precisaremos da união dos potenciais de toda a raça humana e do talento particular de cada cultura se quisermos sobreviver ao nosso tempo.

Parte do meu trabalho tem sido estudar os potenciais culturais e resgatá-los para serem usados na educação, na saúde, no bem-estar social, no crescimento pessoal, no trabalho, nas artes e na criatividade. Descobri que os desafios que surgem em uma determinada cultura muitas vezes podem ser vencidos ao aplicarmos estratégias desenvolvidas em outra.

Em uma tribo da África Ocidental, por exemplo, os problemas comunitários são tratados de modos que nos causariam espanto. A questão – suponhamos que seja melhorar a coleta de lixo na aldeia – é apresentada numa assembléia de moradores. Em seguida, as pessoas dançam e cantam o problema, desenham-no na areia, fecham os olhos e imaginam soluções, dormem e sonham com ele, dançam de novo e então, de repente – uma solução! E uma muito boa, porque as pessoas abordaram o problema através de muitos canais de conhecimento e o consideraram de pontos de vista diferentes.

Que sórdidos são nossas intermináveis reuniões de comitês e nossos procedimentos burocráticos comparados com essas abordagens práticas! De fato, por que não tentar colocá-las em prática de vez em quando? Ao procurar uma solução para algum problema que o aflige – digamos que seja o lixo que é despejado na mente de seus filhos enquanto vêem televisão – não fique apenas sentado franzindo o cenho. Dance, toque tambor, imagine, invoque, convide, desenhe, cante o problema. E veja o que acontece.

Povos do mundo todo têm muitas outras idéias boas e eficazes. Em Bali, as pessoas aprendem rapidamente muitas habilidades artísticas, entrando, de início, na experiência interior de "ser" uma dança complexa, uma máscara, uma estátua, um quadro e só então expressando o que "são" em formas físicas.

Entre os povos inuit do norte do Canadá e do Alasca, o meio de resolver um problema num motor é intuído pelo mecânico, que fecha os olhos e percorre mentalmente o motor danificado. Ele desenvolveu sua capacidade de visualizar, porque seu povo aprendeu a reter na mente um mapa interior com os detalhes sutis de uma paisagem que pode desaparecer na neve de um momento para o outro.

Na Turquia, os dervixes, cuja dança rodopiante é uma forma de oração, descobriram os sons e os movimentos capazes de os levar a um estado de fusão com o Uno.

Nós, ocidentais, também contribuímos com um elemento essencial para a cultura mundial emergente. As mulheres do Ocidente estão abrindo o caminho para o avanço das mulheres em todo o mundo em favor da plena parceria com os homens em praticamente todas as esferas da vida humana. E como as mulheres estão igualando-se aos homens em termos de poder, os homens estão ficando livres para descobrir que as atividades consideradas comumente como "femininas" – sentir, nutrir, cooperar, celebrar, relacionar-se – são, na verdade, domínio de todos. Pessoalmente, acredito que essa seja a mudança mais importante da história humana.

O modo rico de pensar das mulheres, que foi gestado no útero do tempo de preparação, em muitos milênios, está se popularizando e com ele vem uma grande mudança no modo de fazermos as coisas.

As mulheres colocam mais ênfase nos processos do que nos resultados; elas têm o dom especial de fazer com que as coisas concordem entre si, se relacionem, se desenvolvam. Aos olhos das mulheres, as relações são mais importantes do que os resultados finais. O mundo interior é tão importante quanto o mundo exterior. Governos, jogos, educação, trabalho, saúde e a própria sociedade são colocados em novos padrões que respeitam a integridade de quem somos e do que podemos ser.

Essa é uma mudança portentosa e, uma vez em pleno florescimento, o mundo terá atravessado um ponto crítico.

No novo mundo que está bem à nossa frente, todas essas habilidades pessoais e soluções novas serão necessárias para enfrentar os perigos e os resultados de um mundo tecnológico e dominado pela mídia. As pessoas e as idéias estão rapidamente conectando-se de modos que criam um novo meio ambiente – virtualmente uma nova mentalidade mundial.

O desafio está em perceber como a nossa mente local pode esperar lidar com a sobrecarga de informações que resulta disso. Um número excessivo de pessoas já está se afogando nesse excesso. Algumas desperdiçam horas na Internet, esquecidas dos amigos e dos familiares, atravancando a mente com trivialidades que tomam o lugar da vida.

Algumas pessoas, no entanto, têm idéias e estabelecem relações via computador que nutrem a mente, dando-lhes coragem para desenvolver projetos que jamais sonharam ser possíveis. Uma menina conhecida minha, de 14 anos, usou a Internet para ajudar a organizar, a partir de sua casa na Nova Inglaterra, um movimento em favor da despoluição dos mares!

É como se um sistema nervoso mundial estivesse em ação. Cada um de nós é uma célula nervosa desse sistema, com poderes que um dia pertenceram aos reis.

De que maneira nos treinamos para viver num mundo interconectado, um mundo em constante mudança, um mundo no qual o inesperado é o esperado e a ruptura e a reconstrução de tudo que jamais conhecemos é nosso prato diário? Estamos participando de um grande despertar para um modo de ser que adotamos no passado por séculos e mesmo milênios.

Mas somos também aqueles que levarão adiante essas mudanças. Temos uma oportunidade sem igual de cultivar as capacidades humanas das quais precisamos para lidar com os novos tempos que sucederão ao velhos. A boa nova é que o nosso corpo e a nossa mente detêm os códigos de uma extraordinária quantidade de possibilidades e potenciais. E a má notícia é que sabemos usar apenas poucas delas.

É como se fôssemos um instrumento musical com milhões de teclas, mas só conseguíssemos tocar umas vinte. A música estupenda da nossa mente permanece na sua maior parte intocada e desconhecida.

É como se vivêssemos no meio de um grande pomar cheio de frutas e verduras e passássemos fome, porque só comemos os insetos que encontramos no chão.

Viver com essas limitações causa-nos frustração e sofrimento, provoca a sombra do ódio e a ameaça do apocalipse. O desastre ecológico de nossa época foi provocado pela ênfase excessiva no mundo exterior e pelo pouquíssimo uso do mundo interior.

Como diz Jesus no Evangelho gnóstico de Tomás: "Se você manifesta o que traz dentro de si, aquilo que você manifesta o salvará. Se você não manifesta o que traz dentro de si, aquilo que não manifesta o destruirá."

Neste tempo de transição global não podemos mais nos dar ao luxo de viver como se fôssemos uma versão inferior de nós mesmos. A complexidade de nosso tempo exige um uso mais amplo e mais sábio de nossas capacidades, um uso mais variado do instrumento que nos foi dado. O mundo só poderá prosperar se conseguirmos crescer. A sociedade possível só poderá tornar-se realidade se aprendermos a ser os seres humanos possíveis que fomos feitos para ser.

Recentemente, perguntei às pessoas de um auditório que capacidades elas achavam que necessitavam para vencer esse desafio. Uma mulher disse que o de que ela mais precisava era de coragem – coragem para reordenar suas prioridades e reservar tempo para descobrir a si mesma, em vez de dedicar suas melhores horas ao trabalho e à promessa de sucesso exterior.

Outra falou da necessidade de aprender novas estratégias para realizar as múltiplas tarefas que faziam parte de seu destino. Ela tinha um emprego de período integral e, ao mesmo tempo, tomava conta da casa e da família, além de freqüentar a faculdade para concluir seu curso de assistente social; também era responsável pelos seus pais idosos.

Outra ainda falou da necessidade de encontrar meios para manter a saúde o melhor possível diante de uma vida complexa e ocupada.

Durante o intervalo, um grande número de pessoas procurou-me para expressar suas idéias. Uma mulher contou que sentia um empurrão do passado e um puxão do futuro para ser tudo o que ela era capaz de ser. "É como se meus ancestrais quisessem isso de mim e meus descendentes o exigissem."

Um homem disse que o que ele mais desejava era reativar as partes de si mesmo que ele tinha negligenciado.

– Como o quê? – perguntei.

– Como a memória, a imaginação, a criatividade – ele respondeu. – Trabalhei tanto que acabei esquecendo de quem eu sou. Quando jovem, eu tinha muitos sonhos e idéias... tantas idéias. Quero recuperar algumas delas.

Os seres humanos não foram feitos para se contentar em viver a vida como versões contrariadas e inibidas de si mesmos. Por toda a história da humanidade e por todo o mundo, as pessoas sempre sentiram um anseio por serem mais, um desejo de expandir a membrana do possível. Entraram em conventos e escolas iniciáticas em busca de conhecimentos tanto seculares quanto esotéricos. Praticaram ioga, artes marciais, esportes, dança, arte. Deixaram o lar e a família para se aventurarem para além do ordinário, embarcando em jornadas visionárias e espirituais.

Essas buscas fazem parte do território da existência humana. É como se existissem agentes catalíticos fermentando em nossos genes, que periodicamente lançam e expelem sucos evolutivos. "É hora de acordar", eles parecem dizer.

Assim, peço a você que reflita sobre esta questão: Como você seria se começasse hoje a tirar o máximo proveito do resto da sua vida? Se você atravessasse um ponto crítico e despertasse?

De repente, você está completamente ligado a toda a sabedoria interior que contém, está mais presente e vivo neste momento do que esteve no estado de dormência de muitos anos. Cada dia traz novas idéias e sensações ou variações interessantes das velhas. Noventa por cento do que você pensa e sente não é mais o que você pensou e sentiu ontem ou pensará e sentirá amanhã.

Muitas daquelas pessoas consideradas extraordinárias diferem do resto de nós sobretudo nesse sentido. Na verdade, não é que elas sejam dotadas de uma mente e um espírito mais amplos ou mais brilhantes, mas sim que estão inteiramente conscientes de si mesmas, presentes no que está acontecendo tanto dentro como fora de si mesmas.

Elas usam e usufruem mais seus sentidos, estão plenamente conscientes de seus corpos e de suas mentes, exploram o mundo das imagens e da imaginação, exercitam a memória, engajam-se em projetos que recriam o mundo, encaram a vida com seriedade, mas riem de si mesmas e procuram, à medida que se fortalecem, fortalecer os outros. Muito simplesmente, elas aproveitam todas as oportunidades. E quando chegam ao fim da vida, podem dizer: "A vida foi uma experiência extremamente gratificante."

Minha tarefa é mostrar às pessoas como elas podem despertar, podem apropriar-se das partes de si mesmas que ficaram negligenciadas e inexploradas. A escritura cristã nos diz que "Na casa de meu Pai há muitas moradas". Assim em cima como embaixo. Na província da condição humana, há inúmeras casas, apartamentos, condomínios, barracas e até mesmo algumas mansões, das quais muitas estão desocupadas há anos.

Quando deixamos um desses caixotes de papelão que chamamos de moradia e nos mudamos para uma dessas residências magníficas, nossa vida melhora radicalmente. Começamos a viver o cotidiano com paixão. As coisas vão ficando mais reais. Cores, formas, idéias e relacionamentos ganham mais intensidade, energia e sentido.

Essa acuidade traz consigo uma motivação para "prosseguir com ela". Os antigos bloqueios dissolvem-se à medida que descobrimos novos modos de ser, novas formas de atuar – um corpo novo e uma mente nova.

É HORA DE DESPERTAR!

Certa vez, um amigo, Howard Jerome, e eu escrevemos juntos um hino inspirador completo, com tambores e clarins e uma melodia ascendente que procurava manifestar os potenciais que todos nós temos. Seu título é "Você é Mais!" Eis a letra:

Você é mais do que finge ser
Você é mais do que a maioria dos olhos pode ver
Você é mais do que toda a sua história
Procure dentro de si e encontrará
Há esplendor em sua mente
Torne-se o tipo de pessoa que deveria ser...

Você é mais do que seus chefes dizem
Você é mais do que recebe como pagamento
Você é mais do que parece hoje
Portanto, tire essa máscara de fracassado
Você vale o que faz
A pergunta que deve fazer é quem é você...

Você é mais do que berram os pregadores
Você é mais, vamos, liberte seu espírito
Você é mais, sua alma não tem nenhuma dúvida
Levante, desperte
A cada vez que respirar
O deus interior anseia por manifestar-se...

Você é mais do que célula, sangue e ossos
Você é mais do que simplesmente o seu nome
Você é mais do que tudo o que possa possuir
Olhe para todos os lados à sua volta
Há algo que temos em comum
A magia que está no ar é você!

Você é mais do que qualquer estatística
Você é mais do que a soma de todas as suas partes
Você é mais no mais fundo do coração
Você sabe que isso é verdade
Este ser que é você
Tem milagres por fazer
Acredite...

Acredite que você é mais, que existe em você um eu interior, um verdadeiro eu, que só pode emergir se você lhe der atenção. Você pode considerá-lo como sendo o embrião de seu Eu Superior, um ser evolutivo pronto para nascer.

Grande parte da urgência que você vem sentindo nesses últimos anos – passando da tensão para a angústia, a sensação de estar vivendo uma situação ultrapassada, a excitação diante do que está por vir, o pânico de deixar o ventre da velha era – vem das dores de parto de uma iminente mudança social.

O nascimento é uma jornada. O renascimento é igualmente uma jornada. Daí o tema recorrente em diferentes escrituras do mundo, "Somente aqueles que nascem de novo podem entrar no Reino do Céu..."

Um novo nascimento requer um novo ser. Envolve traçar novos caminhos para tomar conhecimento das novidades deste mundo extraordinário. Envolve ampliar o campo da sua psicologia para que haja mais de você fazendo parte dele. Nascer de novo exige que você escolha uma história mais rica, mais interessante, talvez um novo mito, que abarque a sua vida, e que você comece a viver de acordo com ele. E o mais importante de tudo, requer que você se alimente e se realimente na fonte, em Deus, no Espírito – o Amor que move o Sol e todas as estrelas.

Nas páginas seguintes, iniciaremos a procura desses caminhos, desses campos, histórias, fontes. Serei a sua guia, a sua companheira de jornada. Juntos percorreremos as quatro dimensões do ser, quatro mundos extraordinários, cada qual com seus próprios tesouros e potenciais.

Ao longo de décadas de pesquisa e ensino, descobri que todos os seres humanos contêm esses reinos interiores, mas poucos têm mais do que um conhecimento casual do que guardam em si. A maioria só tem familiaridade com as dimensões superficiais, deixando seus tesouros mais profundos inexplorados.

No entanto, é no mundo interior que essas dimensões do ser têm mais abrangência, variedade e profundidade. Nelas encontram-se os potenciais adormecidos. Nelas estão os materiais para a reconfiguração da mente e do corpo. Delas você pode receber ordens de marchar para alcançar o propósito último de sua alma. A partir delas, você pode recomeçar!

Quais são essas dimensões familiares e, ao mesmo tempo, estranhas do ser?

A mais acessível é o plano sensorial, físico, o plano do corpo e dos sentidos. Em seguida, vem o plano psicológico, o nível da história pessoal e das emoções. O terceiro é o que eu chamo de plano mítico e simbólico, a esfera da lenda e dos padrões universais. O mais profundo, o plano espiritual, é o Grande Mistério, do qual todos nós viemos.

Antes de iniciarmos a nossa exploração, quero avisá-lo de que o poder deste livro está na recriação de sua prática de leitura. A técnica que tenho em mente não é desconhecida. Quando lemos romances e contos, pegamo-nos muitas vezes visualizando com um olho interior e ouvindo com um ouvido interior os personagens e eventos descritos. Se o livro é particularmente envolvente, o mundo narrado pode por um momento parecer-nos mais real do que as circunstâncias da nossa "vida real".

Embora este livro não seja um romance, é uma aventura que exige a sua participação consciente no drama que se desdobrará. Enquanto percorrermos juntos estas páginas, vou com freqüência sugerir coisas para fazer e sobre as quais refletir que poderão ajudá-lo a sentir os potenciais em cada um dos quatro planos. Convido-o a imaginá-los tão nitidamente quanto puder, pois é na imaginação que se encontra a chave para a descoberta.

Você comerá pêssegos maduros e caminhará sobre areias quentes no plano sensorial. No plano psicológico, encontrará membros de sua tripulação interior – pais, filhos, mecânicos, poetas. No plano mítico, você viajará de volta a um tempo remoto, a uma galáxia longínqua, com uma série de figuras familiares. Finalmente, no plano espiritual, você chegará em Casa, sendo quem e o que você realmente é.

Usaremos palavras como varinhas de condão para evocar o eu interior do seu ser potencial. No final do livro, você descobrirá que resgatou novas facetas de si mesmo, terá uma consciência mais aguçada de sua própria essência, além de paixão para realizar seus potenciais.

Talvez você tenha que se olhar no espelho e reapresentar-se a si mesmo.

Vamos, portanto, iniciar esta nossa jornada fazendo uma rápida excursão pelas quatro dimensões, só para fazer um reconhecimento do terreno. Em seguida, faremos uma viagem de exploração mais abrangente até os recônditos escondidos e as passagens secretas de cada dimensão de nosso ser. Pronto? Vamos partir numa missão de reconhecimento até as quatro dimensões do espaço interior.

Jornada às Quatro Dimensões do Ser

O que é que faz com que algumas pessoas tenham acesso à própria criatividade e criem obras prodigiosas de música, arte, literatura e ciência, enquanto outras permanecem chafurdando na lama do desespero e da confusão, sem acesso ao próprio poder de criação?

O que é que faz com que algumas pessoas vejam todo e qualquer problema como "uma oportunidade em roupas de trabalho", enquanto outras se escondem dos desafios que lhes são propostos ou ficam entorpecidas pelo seu impacto?

Certa vez, fiz um estudo com 55 pessoas entre as mais criativas dos Estados Unidos, inovadores como Margaret Mead, Joseph Campbell, Linus Pauling, Jonas Salk e Buckminster Fuller. Todos eles tinham alcançado depois de muitos anos um alto nível de pesquisa e descoberta em seus campos específicos.

Apesar de serem muito diferentes em termos de personalidade e interesse, esses gênios criativos, conforme descobri, tinham uma coisa importante em comum. Todos eles tinham familiaridade com o seu mundo interior e acreditavam que suas idéias e imagens poderiam dar vida a seus projetos. Cada um deles tinha se tornado um arqueólogo da mente, um espeleologista na caverna da inspiração interior.

Alguns descobriram que mergulhar nas profundezas do próprio ser era como entrar em contato com as formas e os padrões da própria Criação.

Um cientista do Instituto Rockefeller que participou do estudo disse-me: – Sinto, às vezes, como se estivesse entrando no armazém de Deus. Conheço meu campo de trabalho, é claro, e quando entro nele, encontro muitos de meus próprios conceitos e idéias, todos travestidos em símbolos e fantasias, e isso é extremamente divertido. Mas quando vou mais fundo, parece que as idéias vêm de algum outro lugar. Não apenas por serem mais ricas e elaboradas, mas porque chegam a superar qualquer coisa que eu tenha imaginado. Então me pergunto, "Quem é aquele que as concebe?"

Na verdade, quem é? Há muito tempo que venho refletindo sobre essa pergunta do cientista. Nesse sentido, estou em boa companhia. Francisco de Assis disse certa vez: "O que estamos procurando é Aquele que procura."

O grande místico alemão Meister Eckhart colocou a questão de forma ainda mais clara: "O olho pelo qual eu vejo Deus é o mesmo olho pelo qual Ele me vê."

Não somos "sacos de pele arrastando um pequeno ego assustado por aí", como dizia de maneira intrigante meu falecido amigo Alan Watts. Pelo contrário, cada um de nós é um pequeno mundo, repleto de organismos e ambientes. Esse pequeno mundo – cada ser humano – está aninhado no interior do Mundo Maior da Existência, que ele próprio contém e imita.

Nosso corpo é feito da mesma matéria das estrelas e dos minerais da Terra. Nosso sangue é salgado como os mares e nós mesmos somos planetas vivos para bilhões de pequenos seres, microorganismos e quem sabe o que mais. Nossos genes são universos em si mesmos, codificados com informações suficientes para recriar o mundo.

Nossas células contêm a memória de tudo o que ocorreu no passado – o nascimento das estrelas, o surgimento da vida, a experiência de ser peixes e anfíbios, répteis e os primeiros mamíferos, macaco e ser humano, e o chamariz que agora nos atrai para além do horizonte para entrarmos no próximo estágio de evolução.

Talvez seja então a "natureza que está dentro de nós" – o espelho interior da Grande Natureza arrastando o universo em sua jornada evolutiva – que é "quem" está nos chamando para sermos mais do que jamais pudemos imaginar. Os físicos conhecem essa força como o "estranho atrator", o princípio universal pelo qual uma complexidade cada vez maior produz beleza. Em termos humanos, é nossa atração por um destino além do que conhecemos hoje.

Aquilo que chamamos de Deus pode ter planos muito maiores para nós do que jamais pudemos imaginar. É claro que temos a liberdade de aceitar ou recusar esses planos. Podemos optar por participar da obra do Criador ou negar nossa herança e deixar que nossa vida se arraste até acabar.

Todos nós conhecemos vidas que parecem desligadas ou desconectadas de tudo o que dá vitalidade e significado à existência. Talvez nós mesmos tenhamos vivido essas vidas. Não é que de fato estejamos separados da Fonte. É que simplesmente vivemos como se esse fosse o caso, até que uma fortaleza de esquecimento se forma em torno da nossa consciência.

Nossa responsabilidade – nossa capacidade de responder aos desafios que nos são propostos, nossa *capacidade de responder* – é reconectar-nos com a Fonte maior que, às vezes, consideramos divina. Quando fazemos isso, nos reconectamos com a energia e com o plano para a nossa vida maior e tudo o que ela envolve.

Reconectar-se significa abrir caminhos para a Fonte por qualquer meio que nos seja apropriado – meditação, oração, dança exuberante, caminhada na floresta. Somos tão diferentes como os flocos de neve e nossos caminhos para a Fonte refletem isso. Vivemos talvez na primeira era da história em que as pessoas são livres para explorar seus próprios caminhos. Mas como uma nova trilha aberta na floresta, o caminho que escolhemos tem de ser percorrido muitas vezes até se tornar útil e familiar.

Ir à missa todos os domingos é um modo respeitável de reconexão com a Fonte, desde que feito regularmente para que o espírito do domingo impregne os outros dias da semana. O budismo mostra às pessoas como aplicar os discernimentos adquiridos pela meditação a cada acontecimento e a cada encontro do dia-a-dia. Os sufis aprendem a habitar nos planos interiores – *Alam al Mithal* – para que possam trazer para o mundo exterior o que ali encontram. Por fim, os mundos interior e exterior são reconhecidos como partes inseparáveis da Realidade Una na qual vivemos, nos movemos e temos a nossa existência.

Esses e muitos outros caminhos para a sabedoria tradicional hoje estão facilmente disponíveis por meio de livros, seminários e retiros espirituais. Com tal abundância de recursos, algumas pessoas são facilmente seduzidas a tornarem-se diletantes espirituais – provando os aperitivos, mas nunca fazendo uma refeição completa do alimento sagrado.

Todos nós conhecemos os "consumidores espirituais", que percorrem os supermercados repletos de escolhas tradicionais e não-tradicionais – uma missa católica aqui, uma sauna numa cabana indígena ali, um pouco de dança sufi, um pouco de estudo da Cabala com um rabino, um *darshan* de um guru hindu em visita, algumas sessões com um analista junguiano e um retiro para meditar com um lama tibetano. E continuam ansiosos!

É importante investigar os padrões e as práticas da vida interior; mas, uma vez descoberto o que realmente o leva à Fonte, você faria melhor se o explorasse por algum tempo. O verdadeiro crescimento resulta da exploração profunda de um autêntico caminho espiritual e da persistência nele através de suas recompensas e dificuldades, não da coleta de pólen espiritual, como fazem algumas abelhas volúveis.

Qualquer que seja a sua predileção ou disposição, seja você do sudeste asiático ou do sudoeste do Texas, qualquer que seja a sua cultura ou profissão, você encontrará meios e métodos que o levarão à Fonte nas explorações subseqüentes. Embora não constituam por si mesmas um caminho espiritual, essas excursões ao interior do seu ser poderão ajudá-lo a descobrir o caminho que lhe seja verdadeiro ou conectar-se mais profundamente com o caminho que você herdou ou já escolheu.

A reconexão com a Fonte não precisa ser um processo misterioso. Permita-me dar-lhe um exemplo corriqueiro. Recentemente, tive de renovar e atualizar os códigos de acesso do receptador de minha antena parabólica. Se eu não tivesse instalado novos códigos, as centenas de estações de televisão transmitidas por ondas aéreas ficariam bloqueadas e eu teria acesso apenas a sete canais.

Todos nós temos códigos de acesso para muitas estações do nosso ser. Nossa tendência é nos esquecermos de atualizá-los e continuarmos sintonizando dia após dia os mesmos velhos programas. No entanto, as ondas de realidade que passam por nós estão cheias de histórias e idéias extraordinárias, e mesmo conectadas ao Programa último, o maior espetáculo do universo. Quando atualizamos nossos códigos de acesso, a estática desaparece, recebemos mensagens da Fonte e nos ajustamos e nos codificamos para a vida que fomos feitos para viver.

O mundo interior, que contém esses códigos, recebeu muitas denominações. Santa Teresa de Ávila chamou-o de Castelo Interior. O monge trapista e místico Thomas Merton referia-se a ele como a Montanha de Sete Andares. Os psicólogos falam de inconsciente pessoal e coletivo. Se você é do tipo que pensa em termos de computador, pode vê-lo como o grande metacomputador interior. Em *O Mágico de Oz*, Dorothy refere-se a ele como "o nosso próprio quintal".

Praticantes de meditação e místicos, agentes de cura e conselheiros, visionários e criadores de todas as áreas da vida sempre visitaram os prodígios do espaço interior. Nosso eterno fascínio pelos sonhos confirma o poder das imagens interiores como entretenimento e informação. Imagine, então, quanto será útil aprender meios de explorar nossa geografia interior quando estamos despertos e conscientes.

Na morada da Mãe/Pai há muitas mansões. Crescer exige que ocupemos espaços que, na sua maioria, não são habitados pela nossa mente consciente.

São tantas as realidades interiores que seria impossível explorá-las todas neste livro. Para despertar o seu apetite pela aventura interior, vamos nos concentrar nas quatro principais dimensões que descobri estarem presentes sempre que investiguei a psique humana em profundidade – a dimensão sensorial, a psicológica, a mítica e a espiritual.

Apesar de os detalhes do mundo interior variarem em conteúdo e ênfase de uma cultura para outra, suas características principais e temas básicos são semelhantes. Em seminários que dirigi por todo o mundo, as pessoas usaram essas técnicas simples para desenvolver uma paixão pelo possível e comprometer-se mais com o aperfeiçoamento do mundo.

Uma mulher brâmane na Índia usou esses métodos para criar um centro no qual as mulheres sudras (a classe conhecida como os Intocáveis) aprendem trabalhos manuais, aumentam sua auto-estima e encontram emprego remunerado. Uma mulher do Texas, inspirada por esse trabalho, criou o que ela chama de "Árvore que Escuta", onde as pessoas são ouvidas atentamente e, depois, orientadas para se tornarem muito mais do que pensavam ser. Em Burma, um padre católico e um monge budista com quem trabalhei uniram suas forças para tentar criar uma sociedade mais livre.

Você poderá variar as técnicas que ofereço de acordo com suas próprias crenças e preferências. O lema de todo o meu trabalho é "seja criativo". Descubra meios novos e melhores de realizar os processos que sugiro. Sua sabedoria interior sabe como fazer isso. Faça com que meus métodos tornem-se seus.

Alguns dos métodos que apresento parecerão muito familiares. Outros poderão parecer estranhos. Tudo o que é preciso é que você imagine tão nitidamente quanto possível as experiências e sensações que sugiro. Peço-lhe também que, ao proceder à leitura, você faça um esforço especial para manter sua atenção e concentração.

Enquanto as palavras o guiam nessa jornada interior, você talvez queira às vezes fechar os olhos depois de ter lido uma sugestão, para poder explorar mais profundamente o plano que estiver investigando. Logo você aprenderá a permanecer tão alerta no mundo interior como está muitas vezes no mundo exterior.

É claro que também poderá manter os olhos abertos durante todo o tempo. Tente fazer de ambos os modos e veja o que lhe parece melhor. Mesmo que você não visualize imediatamente o mundo que eu estiver descrevendo, aja como se estivesse. Isso servirá muitas vezes para ativar o mecanismo da imaginação.

* * *

Pronto? Então vamos começar.

Peço para você imaginar que está subindo pelo caminho espiralado de uma pequena montanha. Você sente o perfume dos pinheiros, sente o esmagar de folhas e agulhas de pinheiros sob os pés. Ouve os passarinhos cantando ao seu redor e o sussurro do vento nas árvores. Retalhos de céu azul e vislumbres de raios de sol penetram nas clareiras por entre as copas das árvores. Um riacho de águas frias e cristalinas desce a montanha e você colhe um pouco de água com as mãos para matar a sede.

Prestando total atenção ao meio circundante, continue subindo o caminho que o leva ao topo da montanha.

Você ouve agora um som agudo, olha para cima e vê uma águia sobrevoando, seguindo as correntes de ar. Você toma isso como um bom sinal e apesar de poder estar cansado, você continua subindo a montanha, em círculos ascendentes, seguindo o caminho espiralado até o topo.

Você chega ao topo, onde a montanha se estreita até quase formar uma ponta. Ali você encontra no chão uma placa de pedra com símbolos inscritos. Os símbolos podem não ser legíveis, mas talvez mais tarde eles lhe transmitam alguma mensagem. Parece-lhe que a pedra está ocultando algo. Com esforço, você a remove e empurra-a para o lado.

Você vê agora uma entrada para o interior da montanha, com largura apenas suficiente para você passar com algum esforço. Você entra numa caverna e quase imediatamente encontra-se em outro caminho que desce rumo ao coração da montanha. Apesar de esse lugar ser estranho, ele logo começa a lhe parecer muito familiar. Ele é como deve ser, pois é a morada de tudo o que você é ou poderia ser.

Embora esteja escuro, uma luz tênue emana das paredes, permitindo que você enxergue. Continuando a descer o caminho, você nota uma porta na parede, a primeira que vê. Uma placa de metal reluzente identifica-a como a porta para o Reino dos Sentidos.

Você se aproxima, atraído pelos odores interessantes que parecem vir da porta – canela e lavanda e pipoca quente na manteiga. Você nota que os painéis da porta são feitos de diferentes prazeres sensoriais. Um deles é de musse de chocolate. Prove um pouco com os dedos, se quiser. Outro é uma colcha de retalhos de vários tecidos – veludos, sedas e cascas de árvores. Num outro parece que uma banda de *rock* está tocando.

Obviamente, essas sensações são apenas sugestões. Sua porta sensorial pode constituir-se de diferentes sabores, sons, visões e odores. Vamos agora abrir a porta e descobrir o que existe lá dentro.

Uma espantosa mistura de cores! Cascatas de sons! Cada sensação é tão nova e vibrante que é como se você estivesse percorrendo o mundo no primeiro dia da Criação. A música tem a fragrância de flores. Aromas tomam conta de você. Há perfumes de gardênia, sinfonias de perfumes e sabores.

Você toma conhecimento das coisas de um modo que nunca havia feito antes. Olhando para o miolo de uma flor, você é levado para baixo na espiral de seu crescimento, descendo até a semente original. Toque uma árvore e sinta nas pontas de seus dedos sua presença viva, a fotossíntese em suas folhas, o aprofundamento lento de suas raízes.

Surge uma bandeja com extraordinárias taças de cristal. Cada uma delas está repleta de um líquido luminoso de uma determinada cor. Cada cor é a própria essência de si mesma. Ao beber o elixir das taças azul, amarela, verde, púrpura, laranja e violeta, você experimenta o que é ser essas cores, o que é ser azul e amarelo e verde e púrpura e laranja e violeta.

Ao andar por ali, você descobre que ficou mais flexível. Move-se com fluidez e graça, com cada músculo, articulação e célula funcionando perfeitamente. Você está satisfeito por estar em seu corpo.

Você se sente atraído por tudo que está à sua frente – bandos de borboletas cor laranja e pretas e salgueiros antiqüíssimos e elegantemente adornados, uma antiga pedra desgastada pelo tempo, um riacho murmurante, uma videira de deliciosas uvas de cor púrpura. Por toda a sua volta há uma luz de amor e esse sentimento de amor está presente em tudo o que você vê – a névoa do amanhecer, o negrume das sementes na polpa de uma melancia, o odor salgado de uma brisa marítima.

Feche os olhos e entre em contato com o mundo da memória e da imaginação sensorial que existe dentro de você. Experimente outros caminhos, veja-se em cenários novos e antigos, descubra as incríveis maravilhas que estão à sua espera. Um tipo especial de felicidade é alcançado com a descoberta do imenso mundo sensorial que você pode visitar sem ter de ir a absolutamente lugar nenhum.

É hora de passar para uma outra dimensão do mundo interior. Saiba, entretanto, que você poderá voltar ao mundo sensorial para explorá-lo melhor sempre que quiser. Mas agora vamos deixá-lo, vamos voltar a atravessar a porta dos sentidos e fechá-la atrás de nós.

De volta ao caminho espiralado, você roça de leve as mãos pelas paredes para encontrar o caminho espiralado montanha abaixo, em direção às entranhas da rocha.

De repente, você vê um raio de luz. Há outra porta à sua frente. Sua superfície reluzente é um espelho. É a entrada para o Mundo da Psique, o plano psicológico – o mundo das recordações e sentimentos individuais e coletivos.

Você chega mais perto. À primeira vista, o espelho parece ser como qualquer outro, mas em seguida o reflexo desaparece e você vê imagens de si mesmo em diferentes épocas de sua vida – como bebê, criança, adolescente, sua idade atual e até com muito mais idade do que tem agora.

O reflexo no espelho se obscurece e fica claro de novo.

Agora você se vê em outras épocas da história, talvez até mesmo em outras formas físicas: um inuit ao lado de um iglu; uma africana alta carregando um grande balde d'água na cabeça; um príncipe renascentista na corte dos Médicis; um guerreiro samurai japonês; uma sacerdotisa egípcia em trajes de linho branco e uma peruca negra; um beduíno vestindo um manto com capuz e com a face coberta voltada para a areia do deserto; uma pioneira numa carruagem coberta.

Continue olhando no espelho para ver que figuras aparecem para você...

Agora, você abre a porta espelhada e entra. Descendo um pouco pelo caminho, você encontra um lago tranqüilo, cercado de folhagem. Esse é o poço da memória. Recordações da infância emergem de suas águas – seus pratos preferidos, amigos, jogos, viagens, presentes, pais, professores, bichos de estimação. Lembranças de épocas posteriores de sua vida – a primeira vez que se apaixonou, uma festa de aniversário recente, um novo trabalho ou empreendimento, uma ocasião em que você se excedeu no que achava que podia fazer.

Você pega uma pedrinha ao alcance da mão e lança-a na água. Forma-se um círculo, que mostra uma cena de sua infância – talvez o momento em que você leu sua primeira palavra. Os círculos em expansão revelam a influência que aquele momento teve sobre o resto de sua vida.

Atire outra pedrinha e observe a agitação causada por outro incidente de sua vida. Outra pedrinha, outro incidente.

Os círculos se sobrepõem e você começa a perceber as interligações dos eventos da sua vida. Você pode começar a ver sua história pessoal com uma série de padrões e ritmos interligados. Descobrir os padrões que são exclusivamente seus é uma chave que abre muitas possibilidades. Com essa perspectiva, você pode tomar mais facilmente o leme e direcionar sua vida para padrões que provavelmente o levarão a ter mais alegrias do que tristezas.

No plano psicológico, o passado nunca se acaba e o presente jamais é fixo. Você pode até mesmo embarcar numa espécie de viagem através do tempo, avançando e retrocedendo no tempo para curar velhas feridas e transformar os obstáculos em oportunidades.

Como o vislumbre de um peixe-dourado dentro da água, uma lembrança vem à consciência – uma ocasião em que você precisou muito de um bom amigo ou conselheiro. Você se vê mais jovem do que é agora, uma criança talvez, que precisa de conforto ou de força. Você pode entrar em contato com essa criança agora e oferecer-lhe a amizade e o reconhecimento que teriam significado tanto.

Sabendo que pode voltar ao poço da memória a qualquer momento, deixe-o agora e comece a caminhar pela escuridão da floresta.

Você chega a uma grande clareira, onde há de novo luz. Você entra no centro de uma roda de pessoas amigas. Apesar de talvez nunca tê-las visto antes, elas curiosamente parecem muito familiares. Isso porque elas são aspectos de você mesmo. Você poderia chamá-las de sua "tripulação interior". Elas reuniram-se aqui para proporcionar-lhe a oportunidade de tirar mais proveito de seus dons e talentos.

Olhe em volta do círculo e observe quem está presente. Um deles pode ser um agente de cura, uma pessoa que sabe um bocado sobre como tornar-se e manter-se saudável. Talvez um deles seja cozinheiro, outro contador, atleta ou mecânico.

Você tem uma grande tripulação dentro de si e nela encontra-se aquele que paga as contas, aquele que trabalha muito, aquele que sabe relaxar, o afetuoso, o que pode encher-se de raiva quando preciso, seu aspecto masculino interior, seu aspecto feminino, o palhaço, a criança, o velho sábio, o herói ou a heroína, o ativista social, o praticante de meditação, o escritor, o inventor.

Você tem também um sacerdote ou uma sacerdotisa interior e também um ser com o dom de fazer amigos e de relacionar-se; outro que sabe como usar o tempo, que tem o dom de despertar espiritualmente. Cada um desses seus aspectos interiores vem até você, aperta a sua mão ou abraça-o, anunciando o dom que ele ou ela traz para você.

Quando cada um deles o toca, você sente que toma posse do dom singular daquele aspecto – um caleidoscópio de gênios, uma seqüência de mestres.

– Todas essas capacidades são suas – eles anunciam.

– Mas e as coisas que não sei fazer? – você pergunta. – Como pintar, construir casas ou fazer poesia?

Vem a resposta. – Se você quer estudar essas coisas, invoque o mestre de obras, o poeta ou o pintor interior para ajudá-lo. Seus estudos avançarão mais rapidamente do que você jamais foi capaz de imaginar.

Subitamente você nota uma presença que todas as outras vêem com admiração e respeito. Esse ser parece-se com você, mas um você que desenvolveu plenamente todos os seus potenciais. Essa presença é às vezes chamada de *Daimon* – a inteligência ativadora que guia sua vida. Você pode considerá-la como sendo seu Eu Essencial. Quando você entra conscientemente em estreita relação com essa presença, sua vida ganha propósito e energia. Você sabe o que tem de fazer neste mundo.

Com um longo olhar de profunda admiração por esse ser maravilhoso e um voto sussurrado de voltar a encontrá-lo em breve, você se vira e caminha para fora da clareira, seguindo a trilha de volta através da floresta.

Sabendo que existem muitos outros prodígios a serem explorados no Reino da Psique, você o deixa agora, fechando a porta espelhada atrás de si.

Você está de volta ao caminho espiralado, seguindo suas curvas descendentes. Você desce, agora já mais confiante, até chegar a um pesado portão de madeira com símbolos engenhosamente esculpidos: uma Cruz e a Estrela de Davi. O círculo metade negro e metade branco do Yin e Yang. Os escudos pintados dos povos indígenas americanos.

É a porta que leva ao Mundo dos Mitos e Símbolos e esses símbolos representam os mitos e as lendas de muitas culturas e muitas épocas. Você nota a cruz de forma curiosa conhecida como Ankh, o símbolo da vida para os antigos egípcios, e a Lua Crescente e a Estrela do Islã.

Ao abrir a porta, você penetra no mundo fantástico da mente. Por toda a sua volta, estão os personagens dos contos de fada desempenhando seus papéis. Ali estão a Branca de Neve e os Sete Anões; Joãozinho e Mariazinha estão entrando na casa de açúcar e pão de mel; Aladim está realizando seus prodígios com sua lâmpada maravilhosa; João está subindo no pé de feijão; serão Dorothy e seus amigos, o Espantalho, o Homem de Lata e o Leão, aqueles que estão passando por ali?

Ao se aprofundar ainda mais nesse mundo, você deixa o reino dos contos de fada e passa para o reino dos mitos. Você vê uma cena viva de deuses gregos banqueteando-se no Olimpo. A deusa egípcia Ísis procurando por seu marido Osíris. O Buda sentado meditando sob a árvore bodhi. Percival em busca do Santo Graal. Ulisses esquivando-se dos Cíclopes caolhos.

Eis aqui as grandes e sábias figuras míticas femininas – Afrodite surgindo das águas do mar em sua meia concha, trazendo amor ao mundo. A Mulher Búfalo Branco concedendo aos povos indígenas americanos alimentos e cerimoniais. A deusa chinesa Kwan Yin ensinando a compaixão.

Eis aqui também os personagens e eventos dos novos mitos que estão emergindo – Luke Skywalker e a princesa Léia, de *Guerra nas Estrelas,* lutando contra as forças obscuras do Império.

Ao longe, nas brumas, há um redemoinho de formas mutantes. Ali, novos mitos estão surgindo. Uma suntuosa presença o atrai na direção dela. É o *Daimon,* o seu eu essencial, a presença que dirige a sua vida. Você penetra nas brumas e essa presença torna-se mais nítida. Apesar de não ouvir nada, você percebe que novas possibilidades se abrirão se você aprender a ver a sua própria história como um mito.

De repente, você se vê numa jornada mítica. Ela começa quando você sente que é chamado por Alguém ou por Algo a deixar sua velha vida e ir para algum outro lugar. Todas as suas táticas de protelação entram em ação para evitar esse chamado. "Não estou pronto." "Quem sabe quando as crianças estiverem grandes." "Quando tiver dinheiro suficiente." Mas de alguma maneira, você encontra a determinação para dar o primeiro passo.

Logo aparece um aliado – talvez um animal para acompanhá-lo e protegê-lo. Um urso? Um leão? Um cão?

Juntos, vocês chegam a uma ponte, que você terá de atravessar. É o limiar do reino do poder ampliado, guardado por um monstro que não o deixará passar. O monstro é feroz e lembra-o das forças de sua vida que você mantém aprisionadas em velhos modos de ser.

Seu companheiro animal late ou ruge, encorajando-o. Em vez de recuar, você enfrenta o monstro com uma canção, uma pergunta, uma piada, um enigma. Ele parece ficar surpreso e, em seguida, sorri e convida-o a atravessar a ponte e prosseguir viagem.

Você continua andando até chegar a uma pirâmide. Abre uma porta na base e segue por um longo corredor ascendente até uma câmara onde há um sarcófago vazio – o ataúde do Rei. Algo o faz se deitar nele. Você está sozinho, longe de tudo o que até agora lhe proporcionou alegria. No entanto, você sabe que essa tumba é também um útero do qual você ressurgirá para uma vida mais rica e plena. Concluída a gestação, você se ergue e prossegue sua jornada.

Surge agora um novo aliado, uma figura mítica ou lendária muito especial, com poderes miraculosos, que se torna seu amigo e guia. Juntos vocês enfrentam grandes desafios e perigos. Vocês curam um rei, matam um dragão, resgatam um príncipe ou uma princesa do cativeiro, recuperam um tesouro perdido ou enfrentam perigos criados por vocês mesmos? Cada desafio lhe traz novos poderes, novas forças.

Depois de muitos trabalhos árduos e triunfos, você chega ao ponto mais longínquo e profundo de sua jornada. Surge uma figura majestosa. É o seu pai superior, aquele ser sábio que sabe quem você realmente é e o incentiva a seguir o seu destino supremo. Ao ajoelhar-se para receber a bênção, você se sente reconciliado com todas as autoridades da sua vida.

Você vira-se agora para finalmente encontrar a Alma Gêmea – seu anjo, sua outra metade divina, seu parceiro de vida espiritual. Com o abraço do ser amado, todos os desejos são realizados e você conhece o milagre do amor incondicional. O ser amado lhe dá um presente – uma nova idéia ou uma virtude que transforma a sua vida e tem conseqüências milagrosas para você e para o mundo em que vive.

E, assim, você e seus aliados atravessam de volta o limiar do poder ampliado. Apesar de seus aliados o deixarem na entrada para o seu mundo cotidiano, eles o fazem saber que dali em diante vão viver para sempre dentro de você, dando-lhe proteção e orientação.

Você também sabe que suas aventuras acrescentaram novas qualidades, como coragem e domínio, à sua vida, novos modos de ser e fazer no mundo. Você voltará à sua vida diária abençoado e revigorado, pronto e apto para fazer algo de significativo.

Você está preparado para deixar o Mundo do Mito com seus personagens e façanhas. Você fecha a porta com símbolos entalhados e volta a descer o caminho espiralado pelo interior da montanha. Dessa vez, o caminho descendente toma muito mais tempo, pois ele tem muito mais curvas.

Finalmente, você chega a uma porta que parece ser um lençol de água tremeluzente. É a entrada para a Esfera do Espírito. Você a atravessa e imediatamente percebe uma profunda diferença. Suas roupas são imaculadas e sua mente cristalina. Embora esteja encharcado, você se sente como se tivesse passado por uma limpeza tanto exterior quanto interior.

Purificado e renovado, você volta a olhar para a porta de água e vê apenas luz. Ela cega a sua visão e ilumina todo o seu ser. Agora a luz emana também de você e você conhece a luz que é amor. Os velhos cadeados do seu coração se abrem e uma ternura jorra do seu centro para envolver tudo o que você vê em comunhão de amor.

E você vê tudo. Você ouve tudo. Parece que você está se tornando tudo. É como se você tivesse se refeito para receber os milagres da Criação em todas as suas formas.

Você sente uma expansão, uma ampliação e, com isso, uma dissolução das barreiras do seu ser local. E no entanto, ao mesmo tempo, você é mais quem realmente é do que jamais foi.

Uma energia, que é a própria Criação, flui através de você. É como se você tivesse pego uma carona na Mente de Deus e ido parar no Estado de Graça.

Tudo está ali! As coisas que você conheceu em sua vida são sentidas na plenitude de sua perfeição. O queijo é o queijo perfeito. A música é a melodia da vida. Um amigo é o companheiro de alma.

Pense em começo e você testemunhará o nascimento de uma criança e o surgimento do universo. Pense em meio e assistirá ao crescimento de uma criança até a maturidade, o movimento dos átomos, estrelas e planetas, a evolução da vida em suas múltiplas formas. Pense em fim e será testemunha da morte e de nossa transição para outra forma de existência, bem como da transformação de velhas estrelas em novas energias.

Pense em ligação e você saberá como tudo se relaciona – o queijo, a melodia, o amigo, a estrela, a estrela-do-mar na praia, a mulher que passa por você na rua, a névoa que encobre o último raio de sol – tudo faz parte da sinfonia da vida na qual cada uma faz parte de outra e faz parte do todo.

Agora você compreende a revelação mística: "Cada criatura é uma palavra de Deus e um livro sobre Deus." E você sabe que você é uma palavra de Deus e que dentro de você há um livro de Deus pronto para ser lido.

O que emerge do seu coração é louvor. Louvor às estrelas, louvor pelo milho fresco, louvor à criança, louvor ao corpo que você habita, louvor pelas dádivas que você ofertou e pelas dádivas que recebeu. Louvor à Lua durante a noite e ao Sol durante o dia. Louvor a quem o ajuda e a quem não o ajuda. Louvor ao mistério da sua vida, louvor à inevitabilidade da morte. Louvor a tudo o que existe e ao que virá a existir.

Por fim, você entra em um santuário onde reina a paz e o silêncio absolutos – um silêncio que é tão pleno que você funde-se com ele, o Todo, e sabe que retornou à Morada do Uno. E ali você descansa...

Quando sentir que é hora, você se levanta para partir, seguro por saber que poderá voltar a esse reino sempre que desejar, pois agora já conhece o caminho.

Cruzando mais uma vez a porta das águas espirituais, você retoma a subida íngreme, deixando o interior da montanha. Você atravessa a porta entalhada com símbolos míticos e a porta espelhada do mundo da memória. À meia-luz, você sente o odor doce de chocolate enquanto atravessa a porta dos sentidos.

Você está de volta ao topo da montanha. Colocando de volta a placa de pedra no lugar, você está de novo sob o céu aberto. Ao descer o caminho espiralado, o odor dos pinheiros penetra em suas narinas com um frescor mais intenso e você desfruta da sensação do vento em seus cabelos. Sua visão também está mais aguçada e distingue novos tons de verde, marrom e cinza nas árvores pelas quais passa. Na base da montanha, empoleirada na copa de uma árvore e observando-o com uma fria benevolência, está a águia. Você a saúda sabendo-se alguém que retorna de uma aventura extraordinária.

Experiência do Mundo Sensorial

Era uma vez uma mulher que não via nem ouvia. Apesar disso, ela tornou-se um gênio sensorial. Ela explicava a cor rosa dizendo que ela era "como a face de um bebê ou uma brisa suave do sul". O cinza era para ela "como um xale macio em volta dos ombros". O amarelo era "como o Sol. Significa vida e é muito promissor". Ela conhecia dois tipos de marrom. Um era "quente e acolhedor como húmus". O outro era "como os troncos bichados das velhas árvores ou como mãos murchas".

As casas eram camadas de vida que exalavam os odores de suas histórias. Ela reconhecia uma casa de campo antiga porque "tinha várias camadas de odores deixados por sucessões de famílias, plantas, perfumes e tapeçarias". O odor também lhe dizia muito sobre as pessoas que conhecia. "No odor dos homens jovens", ela dizia, "existe algo dos elementos, como do fogo, da tempestade e do mar salgado, pulsando de alegria de viver e de desejo."

Indagada sobre o que sabia das cidades, ela pintava um vívido quadro sensorial. "Longas ruas. Pés pisando, cheiros vindos das janelas, tabaco, cachimbos, gás, frutas, aromas, camadas sobre camadas de odores. Automóveis. Zumbidos que me causam calafrios, estrondos."

Quem era essa mulher de múltiplos sentidos? Seu nome era Helen Keller e quando eu tinha oito anos, tive o raro privilégio de falar com ela, enquanto ela lia o movimento de meus lábios com a mão.

– Por que você é tão feliz? – deixei escapar com a franqueza brutal das crianças.

Minha pergunta a fez rir e ela respondeu com sua voz misteriosa e casual:

– É porque vivo cada dia como se fosse o último da minha vida. E a vida, em todos os seus momentos, é tão cheia de beleza.

Helen Keller era deficiente? Tecnicamente, sim. Essencialmente, não. Ela havia retrançado os fios dos sentidos que lhe haviam restado numa rede que podia apreender o mundo e suas criaturas. Ela conhecia-os com uma intimidade e precisão que tornava sua vida maravilhosa. Com tal dignidade, ela era levada com paixão a doar-se aos cegos e surdos, às minorias e aos pobres. Seu senso de justiça social era aguçado, talvez pelos novos sentidos que adquirira.

Em certos sentidos, somos todos Helen Keller. Poucos de nós escaparam de ter graves deficiências. Tivemos nossos sentidos bloqueados, obstruídos, fechados. Aprendemos a valorizar os conceitos acima das percepções, as abstrações acima da fecundidade do conhecimento sensorial direto. Diferentemente de Helen Keller, a maioria de nós aceita suas limitações e leva uma vida muito menos interessante, muito menos útil do que poderia levar.

Podemos nós, como fez Helen, superar nossas deficiências, curar a traição da nossa vida sensorial? Podemos, como Helen, ir mais fundo naquele imenso repositório de modos alternativos de conhecimento e trazer de volta novos modos de saborear a riqueza e a grandeza do mundo físico? Podemos, como Helen, ser inspirados por nossos sentidos para perceber os problemas do mundo de maneira tão intensa que sejamos levados a agir para resolvê-los?

Não há nenhuma dúvida de que nossas primeiras idéias acerca do mundo são obtidas pela experiência sensorial e física. Na infância, nossos sentidos são apurados – como a grama é verde, como é macio e gelado o sorvete, como causa cócegas correr descalço pela campina. O belo poema de Wordsworth, *Intimations of Immortality in Early Childhood"* [Insinuações de Imortalidade na Primeira Infância] celebra a magnificência sensorial da infância:

Houve um tempo em que a campina, o bosque e o rio,
a terra e todas as paisagens comuns,
Pareciam-me
Envoltas em luz celestial.
O esplendor e o frescor de um sonho...

Quando ficamos adultos, lamenta Wordsworth, o frescor e a divindade do mundo são escondidos de nossa percepção direta, e "nada pode trazer de volta o momento de esplendor da grama, da glória da flor".

Contudo, compreendida de outro modo, a maturidade pode significar que nossa capacidade para uma celebração exaltada de nossos sentidos é ainda maior. A maturidade traz consigo a possibilidade de apreciar o amor erótico e o prazer estético, a percepção das sombras para intensificar a luz do Sol, a paixão, o paradoxo, a inteligência contemplativa – toda a comédia e a tragédia humana.

Recuperar o pleno uso dos sentidos na vida adulta requer algum esforço de nossa parte, mas esse trabalho é cheio de prazeres. Quantos de nós se recusariam, se solicitados, a provar, tocar, cheirar, ver e sentir o maior número possível de coisas maravilhosas?

Outrossim, podemos enfrentar nosso trabalho com o conhecimento de que, quando despertamos nossos sentidos, ativamos nossa capacidade de pensar, de sentir e de entender as coisas de muitas maneiras. Enriquecemos nossos conceitos e criamos novos meios de apreciar o mundo tanto dentro como fora de nós.

Vou explicar o que eu estou querendo dizer. Olhe em volta do lugar em que está sentado neste momento e preste atenção em algum objeto. Pode ser qualquer coisa, pequena ou grande, familiar ou estranha – um vaso com uma planta no peitoril da janela, um quadro na parede, um brinquedo de criança, a casa do outro lado da rua, o desenho no teto. Voltaremos a esse objeto em um instante.

Agora, enquanto estiver lendo, imagine tão vividamente quanto possível as seguintes experiências sensoriais:

- Mover os pés na areia quente e ouvir as batidas rítmicas das ondas do mar.
- O sabor de maçãs frescas.
- O cheiro de pão saindo do forno.
- Um terno beijo de boa-noite.
- O ruído de cavalos galopando.
- Rolar sobre um monte de folhas de outono recém-caídas.
- Estar do lado de fora de uma igreja à noite, enquanto a neve cai suavemente, ouvindo um coro ensaiar o *Messias*.
- Assistir a um filme no cinema de mãos dadas com alguém que ama.
- Ser acariciado e lambido no rosto por um cachorrinho.

Fique agora de olhos fechados por um momento e lembre-se de outros prazeres físicos de sua preferência, recuperando as sensações como se elas estivessem acontecendo neste momento....

Quando abrir os olhos, volte a olhar para o objeto que você tinha observado antes. O que você percebe em sua cor? Sua forma? O modo com que ele capta a luz? A impressão que você tem de sua profundidade e peso? A mera lembrança das coisas que nos deram prazer pode ativar a acuidade sensorial.

Lembra-se da nossa jornada às quatro dimensões do ser no capítulo anterior? Agora vamos avançar ainda mais no plano sensorial, com a consciência plenamente presente em cada sensação deliciosa. Sua visita será mais proveitosa se você usar sua memória sensorial para imaginar com o maior número de detalhes possível as experiências que eu sugerir. Fazendo isso você fortalecerá os músculos de seus sentidos imaginativos.

As pessoas mais criativas que conheço despenderam muito tempo e energia no desenvolvimento de seus sentidos. A antropóloga Margaret Mead entrava regularmente em seus mundos interiores para explorar as questões com as quais estava trabalhando. Certa vez, ela descreveu-me o processo que usou para escrever uma importante palestra sobre os usos da ciência para fins humanitários.

Ela começou visualizando uma exposição de arte que tinha visto em Copenhague, na qual o corpo humano tinha sido composto de maneira a parecer grotesco. Esse fato a fez lembrar de estudos científicos que tinha lido e que reduziam a condição humana a gráficos e dados estatísticos. Em seguida, ela visualizou a platéia de cientistas que a ouviam e viu-os insensibilizados com relação à arte e à música, olhos vendados, ouvidos tapados. De repente, ela foi tomada pelos sons ascendentes de Beethoven e viu-se com o olhar fixo nas figuras deslumbrantes do teto da Capela Sistina. Por fim, lembrou-se do rosto de um amigo da Nova Guiné, considerado "primitivo" em 1928, e transformado num intelectual sofisticado em 1953.

Essas imagens associaram-se a outras imagens, as palavras começaram a se formar e o resultado foi um complexo e portentoso discurso. Se uma cientista minuciosa como Margaret Mead podia usar imagens e lembranças para estimular o pensamento criativo, podemos com certeza treinar para fazer o mesmo, quaisquer que sejam nossos interesses e preocupações.

Enquanto nos preparamos para entrar no mundo sensorial interior, recomendo que você selecione cinco objetos relacionados com os cinco sentidos. Enquanto escrevo, tenho um gato perto de mim para acariciar, um quadro indígena americano feito de lã para apreciar, grilos para ouvir, uma mistura de limões secos, laranjas e limas para cheirar e uma banana para saborear. Tome um momento para juntar seus materiais sensoriais antes de começarmos.

* * *

Pronto? Vamos começar da mesma maneira que fizemos antes, subindo e andando ao redor da montanha do eu, sentindo o perfume dos pinheiros, pisando no tapete de folhas e agulhas de pinheiros. Os pássaros estão cantando e o vento está sussurrando por entre as árvores. Pedaços de azul do céu e alguns raios de sol surgem entre as copas das árvores.

A repetição do mesmo padrão de imagens orientadas, cada vez que desejamos penetrar nos mundos interiores, proporciona à nossa mente uma espécie de mapa que, com prática, pode ser usado para entrarmos rapidamente em nossos espaços interiores.

De novo, portanto, você chega ao topo da montanha e remove a grande placa de pedra que obstrui o corredor interno. De novo, você percorre a descida escura e espiralada pelo interior da montanha.

À sua frente encontra-se a primeira porta, a entrada para o Mundo dos Sentidos. Você já pode sentir seus odores. Cheiro forte de bolo de cravo e canela. Como é esse cheiro para você hoje?

A porta foi alterada desde a sua última visita. Seu paladar já está mais rico e variado. Uma teia de aranha prateada flutuando no ar toca sua face; gotículas de orvalho ficam presas nos fios, cada minúscula esfera reluzente e perfeitamente definida. Um pêssego macio e suculento, aquecido pelo sol, espera para ser mordido e um complexo contraponto de um concerto de Mozart dança em seus ouvidos. Na verdade, o próprio Mozart está piscando para você de um dos painéis, um homenzinho em traje de gala de seda amarela e peruca branca, tocando pianoforte.

Abrindo a porta pesada, você entra em um ambiente escuro e silencioso. A mão de uma mulher se estende para tocar a sua. Seus dedos transmitem uma saudação à palma de sua mão, acariciando-a como macias folhas verdes.

É Helen Keller e ela o está convidando para acompanhá-la a um lugar onde reina o sentido do tato. As pontas de seus dedos transmitem uma corrente elétrica, aguçando sua própria sensibilidade à textura. Com um movimento suave, ela indica que você deve se sentar e estender as mãos para receber o universo do tato. Depois de cada sensação de toque, imagine que você esfrega as mãos e que elas imediatamente ficam limpas, frescas e prontas para a próxima sensação.

Aqui a seda é como água corrente. Pegá-la é como apalpar nuvens.

Eis um gato ronronando, esfregando feliz as patas em seus joelhos.

E sinta o *cashmere* como um abraço de mãe.

Aqui, envolvendo-o, há um acolchoado de penas de ganso em tecido de algodão.

Desfrute a viscosidade grudenta e pegajosa da bala puxa-puxa.

Acaricie o focinho longo e macio de um cavalo.

Sinta uma pedra arredondada pela correnteza das águas de um riacho.

Helen o conduz agora até seu carvalho preferido. Ao abraçar o tronco da árvore, você conhece as sensações do tempo apreendido e da sabedoria contida em suas mãos.

Helen coloca agora em sua mão uma pétala de rosa. Sua energia frágil e delicada é sutil e macia, como a do beijo de um bebê.

Agora suas mãos estão enfiadas num saco de batatinhas fritas. Elas são crocantes e finas como papel, com grãos de sal grudados em sua superfície côncava e engordurada. Suas mãos enlouquecem por um instante e esmagam todas as batatinhas.

Agora, mel quente e pegajoso está sendo despejado lentamente em suas mãos. Ao mesmo tempo, um cubo de gelo está sendo colocado na sua nuca. Tente sentir ambos ao mesmo tempo.

Agora, no escuro, muitos se aproximam para apertar a sua mão. Uma criança coloca a mão sobre a sua. Em seguida, a mão de um adolescente tímido. Um grande cão estende sua pata. Agora, a mão que aperta a sua pertence a um homem que tenta vender-lhe um carro. Depois, é a de uma mulher pedindo emprego. A mão de um candidato a político. Agora, a mão de um jardineiro. Receba agora na sua a mão enrugada, porém forte, de seu avô.

Como último presente, Helen coloca em sua mão um punhado de argila. Os dedos dela sobre os seus indicam que ela quer que você modele com a argila a forma das suas próprias mãos. Você desvenda o mistério de mãos fazendo mãos, um ato divino, a criação no seu sentido mais básico.

Nas mãos que você modela existem lembranças de coisas que você tocou e pelas quais foi tocado. Pois tocar não é simplesmente um ato físico; é também uma forma de transmitir idéias e sentimentos. Cada percepção sensorial é também uma forma de sensibilidade e seu coração pode ser tocado tanto quanto suas mãos.

Com sua sensibilidade já tão estimulada, reflita por um momento sobre o mistério do que esteve fazendo. A pele, a que muitas vezes não damos o devido valor, é o maior órgão do corpo, um espaço apropriado para nossa existência terrena. Seus bilhões de terminais nervosos constituem nosso sentido mais primitivo.

Diz-se que o tato é dez vezes mais poderoso do que o contato verbal ou emocional. São as mãos que nos retiram do útero, nos guiam e nos acariciam em nossos caminhos pela vida e também nos levam até nosso túmulo. Os bebês precisam de toque e de colo para crescer e se desenvolver. Quando ninados e acarinhados, eles ficam alertas e sensíveis e desenvolvem a capacidade de sentir prazer físico e emocional.

Como adultos, também nossas capacidades são intensificadas pela sensação do toque. Desenvolva o tato e você tornar-se-á mais sensível a todas as sensações de picada, formigamento e afago que formam a paleta de nossas sensações. Desenvolva o tato e você adquirirá sensibilidade para as "texturas" emocionais da vida.

O toque nos ensina a distinguir as pessoas meigas das exaltadas. Ajuda-nos a nos mantermos firmes quando caminhos pedregosos dominam nossa paisagem emocional e aconselham-nos a não achar que a vida é sempre um mar de rosas.

Uma senhora que eu conheço, muito sensível ao toque, ajuda seus filhos a lidar com as tensões emocionais estimulando-os a usar palavras táteis para descrever seus problemas. Enquanto cortam e colam pedaços de tecidos, modelam argila e fazem construções de pedra e areia, eles falam sobre como os conflitos com um colega de classe problemático podem ser solucionados ou a austeridade excessiva de uma professora pode ser tolerada. Como seu trabalho profissional é montar equipes, ela usa praticamente a mesma técnica com os gerentes com quem trabalha.

O uso regular do tato desenvolve ligações entre nosso senso estético e nossos receptores táteis. Em breve você se torna um gênio do toque! Permita-me propor algumas sugestões:

- Reserve algum tempo para entrar conscientemente em contato com as estações do ano. Caminhe por um jardim durante a primavera. Aperte suavemente os botões das flores com os dedos, deixe-se acariciar pelas felpudas taboas, alise as samambaias. Deite-se de costas na grama e deixe que o sol aqueça o seu rosto.

- Aventure-se pela seção de frutas e verduras do supermercado. Delicie-se tocando a pele delicada e a casca granulosa das frutas cultivadas nos campos e pomares de Israel, do Chile e da Califórnia. Dê a elas nomes poéticos, como pêssego devasso, damasco virginal, nabo mal-humorado, ameixa apaixonada. As palavras ajudam a fixar suas sensações e a manter seu fluxo.

- As lojas de roupas são lugares maravilhosos para prosseguir na educação do seu tato. Visite a sua preferida para tocar nos tecidos de lã e algodão, abraçar os brocados, envolver-se nas sedas e sentir a rigidez do algodão engomado.

Com tanta tecnologia de ponta à nossa volta, precisamos de sentidos muito mais desenvolvidos para contrabalançar. Portanto, coloque-os em prática, tocando as diferentes texturas que você escolheu para esta sessão. Ao tocar um objeto, veja se consegue senti-lo de um modo novo, como se ele estivesse tentando proporcionar-lhe um prazer tátil. A superfície dele se eleva para encontrar sua mão, exatamente quando você vai pegá-lo.

Acabei de pegar meu gatinho e estou curtindo imensamente acariciar seu corpo sinuoso. Quando ele arqueia as costas em êxtase, também começo a ronronar.

Do toque, vamos passar para outro sentido também relacionado com os prazeres básicos. Certa vez, conheci um homem cuja vida inteira parecia estar baseada no tema da "comida". Era James Beard, o grande gourmet e autor de livros de culinária.

Um grandalhão alegre, Beard tinha uma enorme capacidade para o prazer. Vê-lo cheirando rosas era compreender as rosas. Observá-lo comendo carne de porco assado, o molho escorrendo-lhe pelo queixo, era como testemunhar um prazer decididamente shakespeariano. Ele tinha a memória gustativa mais perfeita que alguém já pudesse ter tido e conseguia descrever em detalhes todos os bons pratos que já saboreara.

Minha tia Annete trabalhava no consultório do cardiologista que tratava de Beard.

– Vai levar muito, muito tempo, para eu morrer – ele disse à minha tia. – Estou curtindo demais a vida.

O prazer deve ser terapêutico, pois cumprindo sua palavra, Beard gozou a vida até os 85 anos. Como legítimo habitante do Mundo dos Sentidos, ele certamente estará presente ali.

Sim, ali está ele, usando um avental branco de chefe de cozinha, sua face de querubim reluzindo como a de um bebê adulto, convidando-o para provar os pratos que ele preparou, dispostos sobre uma deslumbrante toalha de linho branco.

Experimente tudo o que achar delicioso nesse banquete, feito para uma única pessoa. Sinta as delícias na sua boca. Além do sabor e da textura, saboreie a cor e a forma dos alimentos, a energia e a luz que contêm. O alimento é, em última análise, uma dádiva do Sol. A dádiva infinita do Sol. Leia os cardápios que ele lhe oferece não apenas como tal, mas também como um banquete para os sentidos, que alimenta e estimula a imaginação.

Vamos começar pelos aperitivos. Primeiro, miolo de alcachofras tenras, marinado em óleo de oliva, limão e alho, com pitadas de tomilho, orégano e manjerona. Experimente, em seguida, pasteizinhos de massa folhada, recheados com carne de caranguejo e alcaparras. Intensificadas pelo sabor do caranguejo, as alcaparras se rompem em sua boca, com sabor forte e picante. E aqui estão as conchas de *tortilla* para raspar a guacamole cor de esmeralda, o creme sedoso de abacate com pitadas de alho e cilantro.

Prove agora alguns pãezinhos recém-saídos do forno. Bolinhos enfarinhados de massa apetitosa. Roscas trançadas de cor dourada, com fios de ovos e enfeitadas com uvas-passa. Fatias crocantes de pão integral, cobertas com gergelim.

De que outros tipos de pão você se lembra? O pão é o sustento da vida e, com bastante manteiga, azeite ou geléia, atiça nossos pensamentos ao mesmo tempo que fortalece nossos ossos. É de surpreender que os deuses e as deusas dos cereais estivessem entre os mais venerados dos panteões antigos?

Uma salada de folhas aguarda para ser saboreada: alface, rúcula, agrião, chicória, endívia, temperadas com um molho simples de puro óleo de oliva e vinagre balsâmico.

Experimente agora alguns dos pratos principais. Filé de salmão grelhado, tostadinho por fora e tenro e rosado por dentro. Ou escolha a torta de frango com pedaços de carne branca mergulhados em molho branco, cubos de batata, bolinhas de cenoura e cogumelos enterrados como tesouros sob uma crosta de manteiga. Seu garfo perfura os alimentos e um vapor aromático, que é a própria essência do frango, sobe fumegante para saudar o seu olfato.

Na cabeceira da mesa, Beard está cortando uma costela de boi de primeira qualidade, malpassada ou ao ponto, conforme você desejar. Uma travessa cheia de legumes variados: purê de batatas com creme de leite e manteiga, caules delicados de aspargos frescos, cogumelos com o cheiro mágico e misterioso dos bosques.

Quais são os pratos que você gostaria de provar de novo? Sua mãe passava horas cozinhando uma gostosa canja de galinha? Ou o seu pai pescador trazia para casa balaios de trutas para fritar à milanesa? Que pratos você prepara quando quer fazer uma festa? Que comida lhe traz bem-estar quando você está deprimido? Experimente tudo isso agora.

Espero que você tenha reservado um espaço para a sobremesa. Beard está servindo a sua preferida – musse de chocolate amargo com creme de leite batido, enfeitado com violetas cristalizadas. Ou talvez uma torta crocante com camadas de maçã formando ondas e cobertas com uma calda de caramelo. Ou um bolo de coco, úmido e reluzente como um monte de neve que acabou de cair.

Finalize sua refeição com a sobremesa preferida por todos: um *sundae* de algum tipo. Qual será seu sabor preferido: baunilha, chocolate, morango, menta, pistache? E ainda há a cobertura – calda quente de chocolate, caramelo, amora, *marshmallow*, chantili, pedacinhos de castanha ou confeitos, cerejas, etc. O sorvete vem servido numa taça de cristal, onde você enfia uma colher de prata de cabo longo.

Como é bom que algo tão prazeroso como saborear alimentos deliciosos também nos faça bem! Mas faz. Um paladar apurado é uma das chaves para se conseguir desfrutar muitos prazeres da vida.

O paladar nos ensina a procurar o prazeroso na arte e na música, nos amigos e nas idéias. Ele intensifica nossa capacidade de apreciar o doce, o azedo, os sabores fortes e picantes do rico repasto da vida. Ele nos incentiva a remexer no caldeirão das experiências e a acrescentar ingredientes novos e exóticos. O gourmet é um criador, um artista no banquete da mesa da vida. Pobres daqueles que se limitam a uma existência de pão seco, sem recheio.

O elegante escritor francês Marcel Proust foi inspirado a escrever sua obra *Em Busca do Tempo Perdido* ao morder uma *madeleine.* O gosto da guloseima preferida de sua infância liberou em Proust uma torrente de lembranças que resultou numa obra-prima.

Para nós, também, os alimentos trazem lembranças. Nossos gostos trazem a lembrança de experiências impregnadas de emoções. Para mim, o espinafre traz uma sensação de força e bem-estar. Quando criança, eu sempre relacionava a força muscular de Popeye com comer as folhas verdes de espinafre. Cavoucando num prato de lasanha fumegante, sou uma perfeita siciliana. As camadas deliciosas desse prato trazem à memória aquelas refeições intermináveis de minha infância com meus parentes mediterrâneos.

Que comidas trazem lembranças de eventos e pessoas de seu passado? Que vagem ou baga, peixe ou ave, bolo ou pudim, mais do que simples alimento, traz seu passado servido numa travessa?

Eis alguns outros meios de aventurar-se a entrar no templo do paladar:

❁ Visite uma casa de frios ou uma mercearia, que oferecem uma enorme variedade de alimentos. Experimente alguns queijos faixa azul, pois no queijo, como na vida, o envelhecimento aumenta o sabor e o prazer da vida. Experimente um gorgonzola manchado de azul e de sabor picante, um grande camembert gotejante, um Brie amanteigado. Ou prove os muitos tipos de azeitona – verdes, pretas, marrons, púrpura, mergulhadas em azeite, enrugadas com pimentas fortes e ervas.

- Jante fora com amigos num restaurante típico para saborear os prazeres de uma nova cozinha. Torne-se um gourmet multicultural e verá que sua mente e sua imaginação também se expandirão.

- Faça refeições simples em silêncio, prestando uma atenção do tipo zen na cor, textura, aroma, temperatura e no sabor de cada colherada ou garfada. Faça da refeição uma meditação consciente, trazendo suavemente o fluxo de seus pensamentos de volta para as ações e sensações de cada momento.

- Faça pão, refletindo, em cada uma de suas etapas, sobre o que você está fazendo e como isso se relaciona com sua vida: peneirar a farinha, misturar, acrescentar fermento, amassar, assar. Quando chegar a hora de comer o pão, você já elaborou toda uma filosofia!

- Leia livros ou revistas de culinária e tente provar mentalmente as receitas que estiver lendo. Em seguida, prepare o prato e veja em que medida os sabores imaginados estavam próximos da realidade.

- As frutas exóticas constituem um meio de despertar os trópicos em nossos sentidos. Portanto, compre e prove algumas dessas frutas, cuja variedade é enorme – carambola e papaia, manga e abacaxi maduro – o que você encontrar no mercado.

- De vez em quando, reúna seus amigos para um jantar baseado num tema: Amor. Elegância. Simplicidade. Êxtase. Despertar. E veja que milagres acontecem.

Pegue o objeto que você separou para provar e prove-o agora. Deixe que seus sabores e texturas se revelem por si mesmos nas diferentes partes de sua boca. Doce na ponta da língua, amargo no fundo, azedo nos lados e salgado em todas as partes. Sugira a si mesmo que a partir desse momento seu paladar estará mais aguçado.

* * *

Pronto para ver algo novo? Aqui está a guia que nos conduzirá pelo mundo da visão, a grande artista americana Georgia O'Keeffe. Como mulher dos elementos, com a aparência forte de uma pioneira e olhos de águia, ela se parece com uma das paisagens do Novo México pintadas por ela mesma.

Ela pede que você olhe com ela primeiro para a imensidão do céu do Novo México. No deserto, ela diz, a luz é elementar. Você vê como as montanhas distantes constituem a tela natural para uma paleta de cores que vão do preto ao marrom-escuro, ao azul, ao ferrugem e à cor do fogo? Imagine a alegria de um pintor que vive em uma região em que os céus gorjeantes e os rochedos radiantes mudam de cor de acordo com a mudança da luz.

Existem formas e desenhos por todos os lados. As formas e as cores reproduzem-se em grandes e pequenos detalhes. À média distância, as rochas amontoam-se em desordem e beleza perfeita. Sob seus pés, a areia seixosa reproduz em miniatura seu desenho. Nas proximidades, um cacto verde e espinhento e uma ossada esbranquiçada de vaca emparelham-se numa paisagem natural inanimada, o mesmo acontecendo com uma igreja branca de adobe e uma cruz de madeira negra que formam uma silhueta no horizonte.

Como o pintor e poeta inglês William Blake, O'Keeffe também vê pouca diferença entre um artista e um místico. Ela também nos pede para ver "o infinito num grão de areia e o céu numa flor do campo".

O estado de espírito de O'Keeffe muda subitamente e com ele a perspectiva do lugar. Você a acompanha num vôo de aeroplano em direção ao leste, onde ela começou sua carreira. Olhando para baixo, você vê os contornos mudarem enquanto sobrevoa as Montanhas Rochosas e as Grandes Planícies. Retângulos de terra cultivada formando uma colcha de retalhos, emoldurados com quebra-ventos e pontilhados de celeiros vermelhos e casas brancas, espalham-se abaixo de você.

Quando começa a escurecer, vocês sobrevoam uma cidade com seu tapete de luzes. O avião trepida e as casas precipitam-se a seu encontro para logo desaparecerem na planura da pista cinzenta de aterrissagem.

A cidade é um mundo austero de aço e vidro, grades, ângulos e formas geométricas. Você se indaga sobre as pessoas que vivem atrás de todas aquelas janelas. O'Keeffe pede que você olhe para as calçadas. Sapatos de todos os tipos passam apressados – sapatos finos, sandálias, tênis, clássicos ingleses, de saltos altos, botas de exército, alpargatas – presos a vidas cujas alegrias e tristezas você jamais conhecerá.

Deixando a cidade, vocês viajam de trem para um lugar cheio de árvores e de lagos. Enquanto caminham pela floresta, O'Keeffe fala a você do seu fascínio pelo muito pequeno. Ela sugere que você olhe atentamente para uma árvore tombada e veja os universos minúsculos que ela aloja: florestas de musgos cinza-esverdeados e cidades de cogumelos, gotículas de seiva que parecem lagos de pedras preciosas, colônias de formigas diligentes.

Na extremidade do bosque ergue-se uma casa marrom de madeira com uma varanda quase caindo e um balanço enferrujado. Vocês sobem uma escada para o sótão. Roupas de outras épocas saltam de baús enpoeirados, vestidos de tafetá verde desbotado, botas de cano alto, golas e punhos de renda amarelada.

Enquanto fita os móveis quebrados e os brinquedos abandonados, livros encadernados em couro e montes de jornais, você vê mentalmente o seu próprio sótão ou armário. Quais os tesouros do seu passado que se encontram ali? Lembre-se das imagens deles, um de cada vez, suas cores, formas, as lembranças e sentimentos que evocam.

Enquanto vocês se preparam para sair dali, O'Keeffe, a sacerdotisa da vida inanimada, entrega-lhe alguns dos objetos de sua preferência. Eis aqui a concha de um caracol, com suas espirais de opalescência rosada e cinzenta. Aqui, o chifre de um carneiro, uma maçã suculenta, uma antiga grade de portão.

Por fim, ela lhe entrega uma íris. Você a vê da mesma forma que ela, como um universo secreto. Suas formas e cavidades expandem-se e reverberam em sua mente até tornarem-se mais do que elas mesmas e ficarem quase humanas, femininas, reprodutoras.

– Quando você pega uma flor com a mão – ela diz –, ela é seu mundo naquele momento. Quero dar a você esse mundo. Quero que você saiba que olhar é envolver a alma.

Talvez o motivo pelo qual olhar envolve a alma esteja no fato de que a visão envolve grande parte do cérebro. Setenta por cento dos receptores de nossos sentidos estão localizados nos olhos. Não é de surpreender, portanto, que ver é o meio mais importante de apreciar e compreender o mundo.

Mas ver com os olhos e com o cérebro é apenas parte do quadro. O modo que escolhemos para configurar a realidade com nosso olho interior coloca em ação toda uma série de forças criativas e emocionais.

"Vejo o que você está dizendo", dizemos aos amigos, misturando metáforas para convencê-los de nossa empatia.

Uma pequena lâmpada acende-se em nossa cabeça e temos um instante súbito de percepção – um *"in-sight"*.*

A forma como processamos as informações tanto do mundo físico quanto da visão interior – como as conformamos, configuramos e reimaginamos – determina muitas vezes como será nossa vida. "Ver para crer", costuma-se dizer, mas poderíamos igualmente dizer "Crer para ver".

Conheço dois gêmeos de sexos diferentes que vêem o mundo de maneiras muito diversas. Eles podem olhar para a mesma coisa, mas enquanto ele tende a ver apenas o que há de errado e desastroso nelas, ela vê prodígio e beleza e como tudo pode resultar em grandes benefícios. É plenamente compreensível que suas opiniões sejam divergentes quando a questão é "felicidade" e oportunidade. "Minha vida é uma maldição", ele diz freqüentemente, enquanto ela acredita que a vida dela "é uma bênção".

Ver é também ter "visões". Os videntes são pessoas que vêem conjuntos de possibilidades antes de eles emergirem no tempo ou que compreendem facilmente a natureza global das coisas. É fascinante descobrir quantos desses gênios da percepção também têm o sentido de visão extremamente desenvolvido.

A grande mística Hildegard von Bingen podia descrever uma folha com a mesma exatidão com que podia descrever a Realidade Divina que está por trás da realidade. Suas descrições na área da botâ-

* Em inglês, literalmente, "visão interior" ou "ver dentro".

nica eram tão vívidas e complexas quanto suas revelações dos poderes ainda não manifestos de Deus.

Você gostaria de ser vidente? Deixe que a Mãe Natureza o ajude. Encontre uma árvore maravilhosa. Examine atentamente os desenhos do seu tronco e descreva-os com tantos detalhes quanto possível, oralmente ou por escrito.

Em seguida, tome uma idéia ou problema que o preocupa e volte a examinar o tronco, deixando desta vez que os desenhos que você vê revelem a visão que você tem do problema.

Finalmente, se quiser, concentre-se num tema filosófico ou espiritual ou num problema mundial. Olhando outra vez para o tronco da árvore, veja como ela ilumina sua mente com suas "respostas".

Consideramos os olhos como sendo as janelas da alma. Essa qualidade de translucidez sempre fez com que associássemos os olhos com a realidade espiritual. Em algumas crenças, ver profundamente é uma espécie de veneração. Os devotos hindus estão constantemente viajando através da Índia em busca de uma missão espiritual, na comunhão visual conhecida como *darshan*, na qual o mestre contempla o aprendiz com um olhar penetrante e silencioso.

Se você quiser experimentar por conta própria o milagre dessa visão profunda, eis um modo de proceder. Escolha um amigo de confiança com quem praticar. Fiquem de frente um para o outro de mãos dadas, fechem os olhos e digam um ao outro que, quando voltarem a abrir os olhos, vocês verão não apenas a aparência do outro, mas também a beleza interior que se irradia de cada um de vocês. Em seguida, abram os olhos e recebam com eles a profundidade da alma que todo ser humano contém.

A visão pode curar tanto nosso corpo quanto nosso espírito. A correlação entre imagem e cura é bem documentada. Mas o que é mais interessante é como uma mudança nas imagens que você tem a respeito de seu corpo pode resultar numa mudança na saúde. As imagens positivas podem atuar como uma força da natureza, ajudando o corpo a ter uma saúde mais próxima da ideal. As imagens negativas ou tóxicas atuam de modo contrário.

Pergunte a si mesmo se na sua vida você está realizando o desejo de morte ou o desejo de vida? Você se surpreenderia com o número de pessoas que vive num círculo vicioso de pensamentos autodestrutivos, enviando ao próprio corpo uma corrente constante de imagens-símbolos para que ele adoeça.

Você tem mais responsabilidade pela sua saúde e bem-estar do que é capaz de imaginar. Essa é a liberdade assustadora ou maravilhosa que acompanha o ser humano. Portanto, trate de se conter sempre que estiver em meio à negatividade dizendo a si mesmo "PARE!" E, então, mude conscientemente a imagem que está fazendo de si mesmo. Em breve, seu humor também mudará, em conseqüência da sua percepção das possibilidades da vida.

Também, tente passar alguns minutos por dia com uma imagem de seu corpo e de sua mente em estado de saúde perfeita. Familiarize-se com essa imagem. Você pode ficar surpreso e grato pela melhora que essa atitude trará.

Como se esse motivo não bastasse para você desenvolver os poderes de sua visão, esse sentido também está relacionado com a imaginação criativa. A maior loja do mundo não se encontra na Quinta Avenida, na Rodeo Drive ou na Avenida Champs Élysées, mas no seu cérebro, e em suas prateleiras está exposta uma grande variedade de imagens, prontas para se juntar com outras imagens e formar novas idéias, percepções e até mesmo histórias.

O pensamento visual nos possibilita ver um projeto ou idéia na sua totalidade. Quando pensamos em termos lógicos ou verbais a respeito de um problema, nosso raciocínio tende a proceder na seqüência 1-2-3-4-5 ou A-B-C-D-E, mas as pessoas que desenvolvem suas imagens interiores podem visualizar um projeto do começo ao fim num só instante. O cérebro visual é capaz de processar milhões de imagens em frações de segundo e de oferecer-nos uma "leitura" compacta na forma de algumas imagens ou símbolos cheios de informações.

As mentes criativas são, em geral, as que pensam em termos de imagem, precipitando-se sobre as alternativas, pegando, escolhendo, descartando, sintetizando e chegando, às vezes, a fazer em alguns minutos o trabalho de vários meses.

Nas minhas investigações, descobri muitas vezes que as pessoas que solucionam problemas trabalhando com suas imagens interiores tendem a concluir seus projetos com mais rapidez e facilidade.

Por quê? Porque o pensamento imagético incendeia a mente, evoca visões no espírito e energia no corpo. Ele permite que você não apenas realize o projeto, mas o faça de um modo que se ajusta perfeitamente aos padrões de seu universo interior.

Um famoso romancista amigo meu consegue escrever tão bem porque fecha os olhos e vê a história desdobrar-se em imagens.

– Então, eu apenas a coloco no papel – ele explica. – "Digo para minha mente que quero uma história. E minha mente responde, 'Está bem, ei-la aqui. Simplesmente veja-a.'"

As imagens proporcionam, então, um mundo tão real e poderoso quanto o mundo palpável da nossa vida exterior. Ver é um ato de criação no qual temos uma enorme liberdade, se quisermos tomá-la para revisualizar nosso mundo.

Considere o que precisa mudar no seu mundo. Peça a sua mente criadora de imagens para ajudá-lo, feche os olhos e deixe a história rolar! No início, você pode ver apenas imagens fortuitas que parecem desconexas, mas, se você insistir na pergunta, aos poucos as imagens vão ficar mais coerentes, claras e criativas.

Você pode chegar a se perguntar, "Quem está armando esse grande espetáculo para mim? Nem em um século eu teria conseguido imaginar tal espetáculo!" Mas algo em você o criou e continuará criando se você usar os códigos da imaginação interior.

Com tudo isso em mente, vamos olhar criativamente para o objeto que decidimos explorar por meio da visão. Examine atentamente sua forma e tamanho, os detalhes de sua estrutura. Considere suas cores e os estados de espírito que ele evoca em você. Troque de lugar e imagine que você é o objeto olhando para você mesmo. Então, volte a olhar para o objeto da maneira usual.

Observe o que aconteceu com sua visão. É possível que as cores tenham ficado mais nítidas e variadas, que a forma tenha adquirido mais profundidade, que o jogo de luz e sombra tenha ficado tanto mais evidente quanto mais sutil. E, se você fechar os olhos, provavelmente poderá recriar o objeto em sua visão interior.

Se você se comprometer com uma vida visual interior mais intensa, os prazeres proporcionados pela visão não apenas se expandirão, mas também sua visão física melhorará consideravelmente.

Eis alguns meios de continuar desenvolvendo seu poder de visão:

- Passe algum tempo todos os dias olhando para as coisas. Conforme disse Georgia O'Keeffe: "Em certo sentido, ninguém vê realmente uma flor; ela é tão pequena, não temos tempo – e ver toma tempo, como ter um amigo toma tempo."

- Procure pelos quadros de O'Keeffe no museu ou biblioteca de sua cidade. Passe também algum tempo olhando para as obras dos impressionistas – Monet, Renoir, Cezanne – os gênios franceses da luz. Depois, visite uma exposição de fotografias para ver como a natureza é apreendida pelo olho da câmara. As fotografias de Ansel Adams e Galen Rowell lhe possibilitarão ver paisagens montanhosas de novas maneiras.

- Visualize com seu olhar interior um lugar próximo e familiar. Imagine-o com o máximo de detalhes possível. Depois vá até esse lugar e veja o quanto ele corresponde à sua visualização. Feche os olhos e use sua imaginação para acrescentar novos detalhes à sua imagem interior.

- Coloque uma flor num vaso e observe todos os detalhes que lhe for possível. Em seguida, desenhe a flor, procurando reproduzir os detalhes que observou. Agora, feche os olhos e imagine que você pode entrar na flor e conhecer o seu mundo interior. Deixe que sua imaginação crie uma história sobre esse mundo.

- Prosseguindo, visualize todos os dias uma imagem e deixe que sua mente faça dela uma "história". Você pode imaginar que está andando por uma rua da cidade e que um jacaré vem se arrastando penosamente em sua direção. O que acontece a seguir em seu mundo imaginário? Em seguida, tome qualquer acontecimento ou idéia que o preocupa, coloque-o em uma imagem com a qual você possa se relacionar e veja como sua imaginação continua a trabalhar e a trazer soluções em forma de uma história ou seqüência de imagens.

- Pratique a visão profunda com amigos e familiares (especialmente com crianças) e depois comuniquem uns aos outros como se sentiram sendo vistos.

Quem será o nosso guia pelo mundo dos odores? Não ria, mas é aquele péssimo protagonista do filme *Babe the Pig,* que tem um olfato incrível para todos os tipos de cheiro. Vamos segui-lo enquanto ele anda lentamente em seu passo de porco, indo de um cheiro interessante a outro.

Primeiramente, ele nos leva para fora, para desfrutarmos o cheiro da terra depois de uma chuva. É um cheiro que agrada ao espírito e nos leva, literalmente, às nossas raízes. Em seguida, ele nos leva para um pinheiral, onde sentimos o odor forte de mato das árvores frondosas.

Estamos agora em um jardim impregnado com o luxuriante perfume das rosas. Abaixe-se e inale o perfume doce dos cravos. Há canteiros de alfazema e não perca os exuberantes aromas tropicais que emanam das gardênias. Babe prossegue feliz em sua caminhada e nós o seguimos para nos impregnarmos da fragrância das laranjeiras em flor.

Uma casa de campo é a próxima parada de Babe. Os cavalos no campo próximo da casa exsudam um odor quente e almiscarado. Mesmo seus excrementos frescos são estranhamente agradáveis ao olfato. No quintal, sentimos o cheiro nítido de lençóis recém-lavados, agitando-se ao sol.

Babe conduz-nos para a porta da cozinha. Ao entrarmos, somos recebidos com uma maravilhosa série de aromas – de café sendo passado, de pão no forno, de bolo de gengibre, de cravo cozinhando em vinho de maçã e até mesmo de caldo de galinha fervendo no fogão.

Marchamos atrás de Babe até a sala de estar, onde relaxamos na fragrância pungente da fumaça de madeira queimando na lareira. Umm... Babe acabou de farejar uma caixa de chocolates derretendo-se ao calor. Nós tampouco conseguimos resistir. É melhor irmos embora antes que Babe nos meta em encrenca.

Babe tem uma idéia travessa e quando nos damos conta já estamos investigando uma série de restaurantes típicos com seus cheiros sofisticados e inconfundíveis. O cheiro de molho de soja e gergelim de um restaurante chinês. A abundância dos odores familiares de queijo e molho de tomate de uma pizzaria. O cheiro forte e salgado vindo de um restaurante de frutos do mar. O odor penetrante de salsa e pimenta de uma cantina do sudoeste.

Babe faz agora uma pequena mágica e o leva a sentir os cheiros que o levam de volta à infância. Pipoca amanteigada no cinema. A respiração de um cachorrinho. Pó de giz. O interior do carro novo da família. Cheiro de cachimbo. O odor forte dos trens movidos a diesel. O piche derretido de uma estrada pavimentada.

Pense agora nos cheiros de sua infância e Babe o levará até eles. Com eles, virão outros cheiros, outras lembranças....

Cada estação tem seu próprio cheiro e Babe conhece todos. Você é levado a apreciar o cheiro quente e úmido da primavera, quando as árvores começam a crescer. A grama recém-cortada no verão. O cheiro penetrante da fumaça que exala das folhas queimando no outono. O cheiro quente de castanhas torradas no inverno.

Para finalizar, Babe o leva a um circo, onde estranhos odores misturam-se com os mais familiares, de serragem e amendoim. O odor da pele dos tigres enjaulados. O engolidor de fogo emitindo um cheiro forte de fumaça e gasolina. Você se surpreende com os cheiros adocicados do elefante? Ou acha divertido o cheiro de medo que emana da multidão quando ela assiste ao número do equilibrista?

Babe tem seu próprio circo preferido. Ele fareja, apreciando a doçura enjoativa de um tufo rosado de algodão doce, mergulha nele e desaparece.

O olfato é um sentido primitivo e poderoso, mas é também sutil e evocativo. Ele dá indícios do que nos transmite segurança, bem como revela o que nos seduz. Seguindo seu olfato, você pode parar em muitos lugares interessantes – churrascarias, praias, sebos, braços da pessoa amada. Ao seguir seu olfato, você sente os aromas da vida, sabe quando avançar ou recuar, entrar numa aventura ou fugir para salvar a vida.

Você sabia que é capaz de distinguir mais de dez mil odores diferentes? O que não deixa de ser algo positivo, já que vivemos num mundo em que as chaminés, os canos de gás e os refrigeradores danificados nos oferecem tantas portas para nossa partida definitiva desta vida.

Mas nosso nariz não é nada quando comparado com o de nossos amigos quadrúpedes. Babe, o porquinho, pode ter um nariz de especialista, mas sua prima Minnette, da região de Périgord da França, o faz parecer definitivamente anósmico, que significa "desprovido de olfato".

Minnette é uma porca apaixonada por trufas que é capaz de farejar e desenterrar aqueles fungos extremamente raros e sensuais, mesmo que eles estejam a meio metro da superfície do solo.

Por quê? Porque para Minnette, as trufas têm o mesmo cheiro curioso de um porco sensual. Talvez isso não seja tão estranho. Quantas mulheres que você conhece não gastam grandes quantias de dinheiro em perfumes e loções para atrair um parceiro?

E há também os cães. Tenho um cão velho que tem bem mais de cem anos de idade em termos caninos. Seu ouvido não é lá grande coisa e sua visão está enfraquecendo, mas seu olfato é sempre jovem.

Outro dia, eu o segui enquanto farejava seu caminho tortuoso, porém certeiro pelas vizinhanças. Cada rua era para ele uma civilização olfativa – um museu de tralhas aqui, um hospital de velhos ossos ali, a história passada e a atual, escritas no meio-fio e nas árvores por cães que haviam deixado suas marcas ali.

"Ei, Barnaby e outros cães que passam por aqui", parece dizer a mensagem escrita no cheiro. "Aqui é Poopsie, o cão spaniel. Acabei de comer alguns restos de comida do lixo do restaurante do final do quarteirão. Venha encontrar-me e tentaremos encontrar mais."

E lá vai o Barnaby, rastreando as moléculas das patas de Poopsie como se fosse um cão de caça. Logo ele encontra Poopsie e eles cheiram um ao outro, apreciando-se e unindo seus olfatos para prosseguirem em suas aventuras olfativas.

Suspiro de inveja e volto para casa. O que Barnaby tem que eu não tenho?

Cerca de 44 vezes mais receptores de odor. Meus ancestrais, diferentemente de Barnaby, ergueram o nariz do chão e, ao fazê-lo, perderam centenas de milhões de receptores. Mas a nós humanos restou um número suficiente, cerca de cinco milhões, para apreender este nosso mundo cheio de odores.

Quantos cheiros diferentes você consegue detectar neste exato momento, no ambiente em que está agora? Ande pelo cômodo, cheire o armário, seus sapatos, o tapete, o resíduo de produtos de limpeza, flores, plantas, outras pessoas ou animais e também você mesmo. Abra as gavetas e dê-lhes uma boa cheirada. Feche-as e verifique se os odores permanecem. Alguns deles lhe trazem uma torrente de lembranças?

A memória está vinculada ao cheiro. Eu, por exemplo, não consigo sentir o cheiro do perfume *Evening in Paris* sem retroceder no tempo e reviver as agonias do meu primeiro namoro.

Abra a janela e inspire a variedade de odores que invadem o ambiente, substituindo os que se encontravam ali.

Há muitos anos, meu pai, um autor de comédias, costumava escrever piadas para Jimmy Durante, um cavalheiro excêntrico com um nariz proeminente. "Este nariz sabe das coisas", ele costumava proclamar, tocando seu traço mais famoso. E ele estava certo!

Cada inspiração leva o mundo ao seu nariz. Estima-se que, no período de três semanas, algumas moléculas de todo habitante deste planeta penetram no seu aparelho respiratório – de sua tia Annie, do presidente da França, de uma girafa do Quênia. Imagine a quantidade de informações que você absorve da atmosfera através do seu nariz.

Na verdade, a atmosfera é tudo o que você respira. Quando você inspira, está nutrindo seu corpo e sua mente com o oxigênio necessário para mantê-los em funcionamento; quando você expira, libera o dióxido de carbono necessário para as plantas continuarem vivendo.

Concentre-se na sua respiração, seguindo todos os movimentos da inspiração e da expiração por mais ou menos uma centena de vezes, e verá sua própria consciência mudar.

Respirar conscientemente é fundamental em todos os sistemas de meditação do mundo. Ioga, tai chi, zazen e outras práticas orientais usam a respiração como base de suas disciplinas. Respirar conscientemente o faz relaxar, liberar as tensões, recuperar o equilíbrio do corpo, acalma e aprofunda a mente e, também, o conduz à Fonte de sua existência.

Portanto, tire alguns minutos para concentrar-se inteiramente em sua respiração, no longo movimento de inspiração e de expiração. Não pense em mais nada que não seja a respiração e a consciência de estar se tornando a própria atmosfera. Não demorará para sua consciência tornar-se tão translúcida como o ar à sua volta. Se isso ainda não aconteceu, acontecerá, se você continuar com essa prática.

Leve agora ao nariz aquilo que você escolheu para cheirar. Eu acabei de cheirar um arranjo perfumado e sinto-me inundada por seus odores – rosas murchas, cascas secas de laranja, pinhas, lavanda. Mais do que simplesmente interessantes, agora que meu olfato está ativado, as fragrâncias invadem meu cérebro e tornam-se parte de mim.

Enquanto escrevo estas palavras, Barnaby chega, molhado pela chuva, de uma de suas excursões olfativas. Em vez de torcer o nariz em desagrado, eu inalo profundamente o calor úmido que vem do seu espesso pêlo de Akita.

Agora é a sua vez. Observe o que aconteceu com o seu olfato – a própria forma e presença, e também a personalidade do que você está cheirando. É diferente agora, não é?

Se você quiser aguçar seu olfato, poderá fazer isso através de atividades como as que sugeri.

Eis algumas coisas que você pode fazer para continuar educando o olfato:

- Explore o conteúdo dos armários de sua cozinha com o nariz. Cheire os extratos, temperos e condimentos. Deixe que eles lhe contem suas histórias. Tente adivinhar os países de onde eles vieram pelo cheiro.

- Vá a uma perfumaria e procure identificar as várias fragrâncias do mostruário. Note especialmente as diferenças entre as colônias para homens e para mulheres.

- Procure queimar vários tipos de incenso. O incenso é usado há milênios para atrair os deuses, para que eles voltem ao mundo e o coloquem nos eixos. Note o que acontece com a atmosfera da sua casa quando você queima incenso.

- Leia o *Cântico dos Cânticos* na Bíblia e tente imaginar toda a gama de aromas ali mencionados.

- Inspire o aroma de algo que foi importante para você quando criança, algum tipo de comida, talvez, e observe quantas lembranças lhe vêm à mente.

- Amanhã de manhã, preste atenção aos muitos cheiros que fazem parte de seus rituais matutinos: pasta de dente, sabonete, xampu, café, chá, torradas, jornal, etc.

- Observe e anote os diferentes cheiros que fazem parte de sua rotina diária: no escritório, no carro, outras casas ou lugares, jantares, cheiros do dia e da noite.

Nossos ouvidos são aguçados pelo som de um piano tocado com elegância e talento. Acompanhamos o som e descobrimos que é o próprio Mozart ao teclado. Com um brilhante prelúdio de escalas ascendentes e o ressoar de um acorde final, ele levanta-se, feliz, para vir nos cumprimentar.

Seguimos o barulho dos saltos de seus sapatos pelo reluzente corredor de pedra e quando ele entra em uma ampla sala de visitas onde uma orquestra está a postos para tocar para nós.

Um por um, os instrumentos emitem seus sons particulares. Ouvimos o som agudo da trombeta, a doçura penetrante da flauta, a suavidade cálida do violoncelo, a vibração emocional do violino, a batida do tambor, as cascatas angelicais da harpa, as febris notas sensuais do oboé.

Mozart levanta os braços para reger a orquestra e cada instrumento faz sua entrada para tocar *A Pequena Serenata Noturna.* Que maravilha a glória que pode resultar da vibração das moléculas de ar!

Mozart explica que, quando compõe, primeiro ele ouve a música em sua cabeça, em seguida escreve-a. Ele o convida a ouvir a música interiormente.

Procure fazer isso agora e descobrir que música você ouve quando fecha os olhos. Ouça suas canções ou estilos preferidos. Meus olhos ficam úmidos sempre que ouço a antiga ária inglesa *Greensleeves*, e fico emocionada com a exuberância impetuosa dos espetáculos da Broadway.

Talvez você tenha um carinho especial por alguma antiga canção dos Beatles, pelo ritmo da nova música *country* ou pelo tema de algum filme em especial. Feche os olhos por um momento e ouça agora sua música preferida....

Mozart acha a nossa música moderna muito engraçada e começa a rir. De repente, todo mundo está rindo. Gorgolejos de bebês, gritos estridentes de crianças barulhentas, risadinhas de meninas adolescentes. Vaias e risos silenciosos, cacarejos e sorrisos, gargalhadas de alguém embriagado e uivos roucos envolvem-nos em ondas de alegria.

Ainda rindo, Mozart o leva para as ruas da Viena do século XVIII. Seu mundo sonoro é muito diferente das ruas das nossas cidades. Vendedores das mais variadas coisas empurram carroças pelas ruas calçadas de pedra, anunciando suas mercadorias: "Peixe, peixe fresco!", "Pêssegos. Quem quer comprar pêssegos maduros e suculentos?", "Roupas usadas à venda!"

Você ouve uma algazarra estrondosa quando passa uma magnífica carruagem com uma personalidade da realeza, seguida de uma guarda montada. Atrás deles vêm as botas marchando ritmicamente de uma tropa de homens do rei e o farfalhar de longas saias femininas arrastando-se pelo chão. Parece que de cada janela aberta vem o som de um instrumento sendo tocado por alguém. Viena é a cidade da música, e todo mundo toca um instrumento.

Vocês dobram uma esquina e, de repente, vêem-se numa cidade moderna, com seus ruídos mecânicos bem diferentes. Mozart fica atônito com os ruídos do trânsito, com o zumbido da sirene de um caminhão de bombeiros, com o crepitar e o ronco da partida de uma motocicleta, com o zumbido de um avião sobrevoando.

Ele tapa os ouvidos quando vocês passam por um homem quebrando o asfalto com uma britadeira. Você o leva para dentro de um prédio de escritórios, onde ele fica encantado e fascinado pelo tilintar de um telefone, pelo click click click do teclado de um computador e pelo zunido de uma impressora.

– Eu poderia criar o meu próximo concerto com esses sons – ele diz.

Deixando o prédio, vocês fazem sinal para um ônibus parar e ouvem o guinchar dos freios, com o motor ainda roncando. Depois de um curto passeio, vocês descem em um parque, onde Mozart parece ficar aliviado por voltar a ouvir o canto dos pássaros. Mozart é atraído para uma partida de beisebol que está ocorrendo; o craque acerta uma jogada e ouve-se o urro da multidão.

Mas ele está especialmente interessado na variedade de vozes humanas que ouve no parque. Ouça com ele a mãe sentada no banco lendo uma história para o filho. Um pouco mais adiante está um casal de namorados recitando poesia um para o outro. Preste atenção nos três senhores idosos cujas vozes se levantam em uma discussão acalorada.

Agora, vocês se sentam juntos e Mozart pede-lhe que descreva para ele outros sons modernos. Você lhe falará da contagem regressiva para o lançamento de uma nave espacial e do ruído de um foguete sendo lançado? O som de Martin Luther King Jr. fazendo sua famosa invocação "Eu tenho um sonho!"? Os sons do rádio enquanto você vai passando pelas estações? Os sons dos batimentos cardíacos ouvidos através do estetoscópio do médico?

Juntos vocês indagam com que tipo de voz o universo fala. Por meio do som OM? Do assobio das estrelas? Ou será do Silêncio que contém todos os sons?

Enquanto vocês refletem sobre essa questão, passa uma banda tocando *When the Saints Go Marching In.* Mozart dá pulos de alegria e junta-se a ela, tocando um tambor. Com um aceno, você despede-se dele.

Com os ouvidos já bem apurados pelas aventuras com Mozart, você pára por um momento para refletir sobre o mecanismo do ouvido. O ouvido parece quase uma invenção de algum deus maluco como Rube Goldberg. Considere a incrível cadeia de eventos que ocorre a cada vez que ouvimos um som.

As ondas sonoras vêm rolando como as marés, com as novidades que traz do universo batendo nos tímpanos. A membrana vibratória aciona três ossículos com os nomes estranhos de martelo, bigorna e estribo. A cabeça do martelo vibra na cavidade da bigorna, que, por sua vez, também vibra. A bigorna move o estribo que exerce pressão sobre o fluido no interior do ouvido. No interior do ouvido, há uma concha em forma de caracol chamada de cóclea. Suas antenas finas como fios de cabelo agitam-se com as ondas, acionando as células nervosas próximas que enviam mensagens ao cérebro.

Tudo isso é necessário para que possamos ouvir o cricrilar dos grilos, o macarrão fervendo, o assobio de Johnny. Isso tudo para provar que tudo é energia, vibração, freqüência, ressonância. Até mesmo o mais sólido dos objetos materiais é, em última análise, uma dança de padrões de energia em constante mutação. Em sua essência, a realidade é ritmo, é música.

O mundo é som.

Entretanto, quando você ouve profundamente a voz de alguém, você ouve mais do que apenas sons. Você ouve também os sobretons das intenções, os meio-tons das emoções, a melodia do espírito da pessoa que fala. Todo som e toda voz é o universo em miniatura.

Ouvir profundamente é uma arte que pode ser aprendida. Começa-se prestando atenção nos sons familiares – o vento, a chuva, o ronronar de um gato, o som de panelas batendo na cozinha, líquido sendo despejado em um copo, o chiado do aparelho de calefação ou do ar-condicionado.

Logo você começa a perceber que ouvir profundamente envolve o corpo todo. Você não ouve apenas com os ouvidos, mas também com os ossos de seu esqueleto e com tudo o que está relacionado a eles. Um som agudo faz seus cabelos ficarem de pé. Uma melodia harmoniosa relaxa e acalma os músculos tensos das costas.

Se você quiser praticar ouvir com o corpo todo, tente fazer este experimento fascinante. Ouça sua música preferida como se você fosse o instrumento e a música estivesse tocando você. Logo você vai entender o que T.S. Eliot descreveu em *Os Quatro Quartetos*:

música ouvida tão profundamente
Que não é absolutamente ouvida, mas você é a música
Enquanto a música durar.

Pratique também ouvir mais profundamente as pessoas ao seu redor – familiares, amigos, colegas de trabalho. Observe como suas vozes juntas formam uma espécie de concerto. Como em toda boa música, os sons e palavras emitidos são importantes e também são importantes os sons não emitidos – as melodias que não são cantadas, as palavras que não são ditas, os silêncios.

Receba mensagens de todas as partes do corpo e da mente, não apenas dos ouvidos. E depois procure respondê-las com o coração, com as entranhas, com os ossos e com o cérebro e, sim, também, com o silêncio.

Sua voz é o veículo do propósito do seu espírito. No entanto, a voz pode sabotar nossos verdadeiros sentimentos. Tenho uma amiga que é uma espécie de gênio emocional, mas que fala com uma voz tão monótona que o que ela pretende comunicar entra literalmente por um ouvido e sai pelo outro.

Para corrigir esse problema, sugeri que ela lesse poesia em voz alta por dez minutos a cada dia, colocando a paixão e a compaixão que ela sentia nas palavras em seu tom de voz. Depois de várias semanas fazendo isso, as pessoas começaram a prestar mais atenção à sua voz, que era muito mais cativante.

Lembre-se de que você é um mestre em sons. Faça o som "Mmmmm". Em seguida, coloque os dedos nos ouvidos e sussurre novamente. Você vai sentir sua cabeça vibrar com sua própria música. Depois, com os dedos nos ouvidos, cante em voz alta uma canção ou hino de exaltação.

Agora, cante para si mesmo sobre a sua vida, como ela é agora e como você gostaria que ela fosse. Escreva a letra. Deixe que a melodia se eleve.

Cantarolando a música em sua mente, você dá a si mesmo sons potentes com os quais reformular sua vida.

Isso é mágico? Sim, mas é também um tipo complexo de ciência.

Ouça agora a música que você escolheu para fazer essa experiência. Feche os olhos e sinta o som em todas as partes do corpo. Deixe que ele libere lembranças e associações, cores, imagens, sensações nos músculos.

Se é o que você quer, sugira a si mesmo que de agora em diante a capacidade do seu ouvido e de ouvir profundamente serão ampliados.

Eis alguns outros modos de ouvir o mundo de forma mais apurada:

- Ouça todos os tipos de música. Observe cada forma e cor musical, cada tom emocional. Ouça como se o som estivesse vindo de algum lugar das profundezas do seu eu interior.

- Cante em qualquer lugar – no chuveiro, no carro, acompanhando o rádio e, especialmente, com amigos. Cante algo agora mesmo.

- Para tornar sua voz mais potente e mais clara, cantarole em muitos tons. Comece cantarolando uma nota no tom mais baixo possível. Aos poucos, vá elevando a escala, subindo até onde conseguir.

- Leia em voz alta para uma criança, para uma pessoa idosa ou para quem quer que esteja disposto a ouvir. Leia poesias e peças de teatro, contos e romances, e até mesmo artigos de revistas e jornais.

- Assista a um concerto sinfônico ou a um recital musical em sua cidade. Ouça procurando discernir o som de cada instrumento. Em uma peça musical, ouça os tambores, os pratos e outros instrumentos de percussão. Em outra, preste atenção nas cornetas ou nas violas de gamba. Decomponha mentalmente a música em suas partes e depois recomponha-a.

- Crie o hábito de sentar-se em silêncio num bosque, num parque ou numa praia, com os olhos fechados, para simplesmente ouvir.

- Ore e procure ouvir a resposta.

- Sente-se onde está, com os olhos fechados, e enumere todos os sons que puder ouvir durante cinco minutos. O zumbido do aparelho de calefação, a buzina de um carro na rua, as gotas da chuva de ontem pingando da calha.

Agora que já exploramos os cinco sentidos e consideramos o que cada um deles pode fazer por nós, vamos voltar ao mundo do lado de fora da montanha do eu e ver o que mudou. Fechando a porta para o mundo sensorial, siga novamente o caminho interior até o topo da montanha, suba-o, recoloque a pedra no lugar e desça o caminho que leva ao mundo cotidiano.

Se quiser, você pode deixar este livro de lado por alguns minutos e dar uma volta, sair para fazer uma caminhada. Preste atenção às suas impressões sensoriais. Elas estão mais aguçadas, mais intensas, mais fortes? Visitar regularmente o mundo sensorial, seja por meio da imaginação ou das práticas que sugeri, aumentará a sua capacidade de perceber tanto o seu mundo interior quanto o mundo lá fora.

Se lhe parecer difícil empreender essa jornada imaginária sem uma voz para guiá-lo, faça uma gravação em fita cassete para orientá-lo através do mundo dos sentidos, proporcionando a si mesmo coisas maravilhosas para ver, tocar, cheirar, provar e ouvir.

Ou pratique dando uma caminhada, fazendo uma refeição ou ouvindo uma peça musical com atenção. Em seguida, feche os olhos e recrie as mesmas impressões sensoriais em seu mundo interior, da maneira mais vívida que puder.

A prática regular cria novos conectores em seu sistema mental e cerebral, canais mentais entre as realidades interior e exterior. Uma vez que esses canais estejam abertos, pode existir um intercâmbio entre os mundos de sua imaginação e da vida cotidiana. Ligar por uma ponte os continentes da mente e do corpo é a chave para se viver numa realidade mais ampla e mais intensa.

As visitas freqüentes podem transformá-lo num *intranauta* – um explorador destemido de seus mundos interiores. Ou, se você prefere metáforas ligadas à informática, você pode se conectar com a rede interna, entrar *on-line* com pronto acesso a um mundo mais rico e fascinante do que os que já imaginou.

À medida que aumenta sua capacidade de ligar a realidade interior com as exteriores, tornam-se possíveis algumas coisas extremamente importantes. Uma imaginação desenvolvida dá a você a capacidade de criar o código ou o padrão de algo que você deseja realizar em seu mundo exterior.

Vou demonstrar.

Por um momento pense em algo que você gostaria de fazer ou criar no ano que vem, por exemplo. Talvez seja um projeto artístico. Ou uma nova habilidade que você deseja adquirir. Pode ser também um modo diferente de ser ou uma qualidade de vida. Chamo esse passo de "estabelecer sua intenção de criar".

Agora, na sua imaginação, visualize-se o mais nitidamente possível na plena realização desse desejo. Talvez você se veja escrevendo um livro, compondo uma música, fazendo novos amigos, melhorando, ou curando-se, começando uma nova profissão ou descobrindo novas perspectivas em sua atual. Preste especial atenção nos sentidos que estão envolvidos. O que você vê, cheira, ouve, toca e prova enquanto realiza essa prática?

Então, qualquer que seja a sua intenção, levante-se e coloque-a em prática, utilizando tanto do seu corpo quanto a atividade o exigir. É importante que você mova de fato seu corpo e represente da forma mais completa possível a cena em que realiza com êxito sua intenção. Se quiser ter alguma música estimulante para acompanhá-lo nesse processo, coloque-a para tocar.

Agora, volte para o mundo da imaginação e continue a realizar seu desejo sem mover o corpo. Aguce os sentidos interiores dessa vez, acrescentando as novas impressões sensoriais que tiver. Faça isso por vários minutos.

Depois, volte a desempenhar com o corpo todo a tarefa que pretende realizar no futuro, imaginando as sensações enquanto seu corpo realiza os movimentos. Alterne várias vezes entre as atuações físicas e imaginárias.

Quando tiver acabado, observe como está se sentindo com respeito ao seu projeto e à sua intenção. Você os está sentindo nos ossos? Pode senti-los como uma parte cada vez maior de si mesmo? São mais reais do que eram antes? Do repositório de percepções que acabou de ter, você retirou alguma nova idéia a respeito deles?

Todas as vezes que observei as pessoas que conseguem realizar seus projetos – pessoas que não desistem na metade como muitos de nós – quase sempre descubro que elas fazem uso de algo semelhante a esse exercício. Elas concluem seus projetos no mundo exterior porque estão sendo sempre inspiradas e energizadas por uma paixão pelo possível que vêm do mundo interior. Seus projetos desenvolvem-se de dentro para fora e não no sentido contrário.

Congratule-se! Você começou maravilhosamente bem o aprendizado da arte de realizar seus sonhos. Quando você acrescentar as energias das dimensões psicológica, mítica e espiritual a seus sentidos apurados, sua capacidade de realização será realmente formidável.

Visita à Dimensão Psicológica

O que você faz para ganhar a vida não me interessa. Interessa-me saber o que você busca e se você ousa sonhar realizar aquilo que seu coração mais deseja.

Tampouco interessa-me saber sua idade. Quero, sim, saber se você é capaz de arriscar-se a parecer louco de amor por seus sonhos e pela aventura de estar vivo.

Não me interessa saber quais os planetas que fazem quadratura com a sua lua. Quero saber se você tocou o centro de sua própria ferida, se sofreu as decepções da vida ou se encolheu-se e fechou-se por medo de sofrer mais! Quero saber se você suporta com coragem a dor, a minha ou a sua própria, sem fazer força para ocultá-la, entorpecê-la ou acabar com ela. Quero saber se você consegue aceitar a ALEGRIA, a minha ou a sua, se consegue dançar com frenesi e deixar que o êxtase o arrebate até a ponta dos dedos das mãos e dos pés, sem ficar admoestando os outros a ter mais cuidado ou a ser realistas, ou para lembrá-los das limitações inerentes à condição humana.

Eu não quero saber se a história que você está me contando é verdadeira. Quero saber se você consegue ser verdadeiro consigo próprio, mesmo que isso signifique desapontar alguém; se suporta ser acusado de traidor e não trair sua própria essência. Quero saber se você consegue ser desleal e, mesmo assim, digno de confiança. Quero saber se você consegue enxergar beleza mesmo quando o dia-a-dia não apresenta nada de belo e se você consegue extrair vida da VIDA em si. Interessa-me saber se você consegue conviver com o fracasso, meu e seu próprio, e assim mesmo postar-se à margem de um lago e gritar para a Lua cheia prateada, "SIM!"

Não me interessa saber onde você vive nem quanto dinheiro você tem. Mas quero saber se você consegue levantar-se após uma noite de angústia e desespero, fraco e alquebrado, e fazer o que tem de ser feito para os seus filhos.

Não me interessa saber quem é você e como você veio parar aqui. Quero saber se você vai colocar-se no meio da fogueira comigo e não fugir de medo.

Não me interessa saber onde, o que ou com quem você estudou. Quero saber de onde vem a sua força interior quando já não lhe resta nenhuma esperança. Quero saber se você consegue ficar a sós consigo mesmo e se aprecia realmente a sua própria companhia nas horas de solidão.

"THE INVITATION", DE ORIAH MOUNTAIN DREAMER

Em geral, somos forçados a nos aprofundar dentro de nós mesmos quando acontece algo grave e significativo. Em períodos de transição – casamento, divórcio, nascimento de um filho, morte de um dos pais ou do cônjuge, uma promoção importante ou a perda de um emprego, quando o último filho sai de casa, uma doença grave – nossas emoções e reações psicológicas são trazidas à superfície e as circunstâncias muitas vezes nos obrigam a fazer uma auto-análise.

Nessas situações, ou aceitamos a nossa vida ou fugimos do confronto e passamos a levar uma existência cheia de limitações.

Recentemente, tive uma oportunidade sem precedentes para constatar pessoalmente como é sofrer uma decepção na vida e descobrir que nossa força interior nos sustenta quando tudo o mais falha. Apesar de não querer repetir essa experiência, as lições desse último ano, como a maioria das excursões não planejadas pelo universo da psicologia pessoal, ensinaram-me muito sobre o que é realmente importante para mim.

Antes de embarcarmos juntos nessa viagem para esse território fértil, porém às vezes árido e confuso, permita-me contar-lhe algo que aprendi durante minha recente jornada ao plano psicológico da minha montanha interior.

Em junho de 1996, quando voltei para casa depois de ter recebido um prêmio importante pelas pesquisas realizadas, encontrei a varanda e o gramado da minha casa repletos de repórteres e cinegrafistas em busca de notícias de algo que jamais aconteceu. Por quase um ano e meio, eu tinha servido como uma espécie de interlocutora intelectual da Primeira Dama Hillary Rodham Clinton, ajudando-a a enfocar idéias para o livro que ela estava escrevendo.

Uma notícia de que a Primeira Dama e eu tínhamos praticado um exercício de imaginação, na qual refletíamos sobre o que Eleanor Roosevelt teria dito sobre a construção de uma sociedade melhor para nossos filhos, precipitou os repórteres atrás de notícias sensacionalistas. "Espiritismo!" estamparam as primeiras páginas dos jornais. "Bruxaria!" E até mesmo o mais temido de todos os epítetos: "Guru!"

Não é preciso dizer que as distorções tanto causaram embaraços na vida da sra. Clinton como devastaram a minha vida e a minha carreira. Praticamente, todos os jornais e revistas do mundo publicaram essas mentiras, distorcendo totalmente os fatos, dosando-os livremente com opiniões maldosas de repórteres que nunca se deram ao trabalho de saber o que quer que fosse sobre a minha pessoa e o meu trabalho.

Em conseqüência dessa ridicularização pública, vi minha reputação por trinta anos de trabalho honesto em favor da melhoria da vida humana tão vilmente manchada que as palestras foram canceladas por patrocinadores nervosos e as ofertas de financiamentos para projetos de pesquisas foram retiradas. Senti que tinha, da noite para o dia, deixado de ser uma respeitada pioneira na pesquisa sobre os limites da capacidade humana, como era considerada, para me tornar uma cômica representante da ala marginal.

Sim, recebi milhares de cartas de apoio e muitas pessoas manifestaram-se a meu favor em cartas ao editor e colunas de leitores. Mas isso foi muito pouco para aliviar a dor que eu senti pela humilhação pública.

Fiquei tão magoada que senti por um tempo que minha carreira e meu serviço à sociedade tinham acabado e que eu devia simplesmente retirar-me do cenário público.

Entretanto, muitas pessoas incutiram-me confiança para prosseguir com o meu trabalho, para me mostrar forte e seguir em frente. Isso fez-me refletir longa e profundamente sobre o que se pode fazer para recuperar a integridade pessoal após uma experiência devastadora.

Na hora da dor é difícil e, no entanto, absolutamente essencial, olhar para o que aconteceu sob novos ângulos.

Primeiramente, temos de parar de falar para nós mesmos e para os outros sobre os detalhes dos eventos e sobre as pessoas que nos fizeram sofrer. Temos de fazer isso não para negar os fatos, mas para nos forçarmos a abandonar a sedução da visão do túnel para uma paisagem mais ampla que possa revelar possíveis oportunidades de crescimento.

Em seguida, temos de fazer perguntas difíceis a nós mesmos: Estamos dentro de um caldeirão de dor ou de um cálice de oportunidades? Vamos ficar chorando e lamuriando ou somos capazes de enxergar em nosso sofrimento uma mão vinda do Poder Maior para forçar-nos a iniciar uma nova história?

Por fim, contamos nossa história de novo, não como uma repetição de detalhes factuais, mas como um conto no qual a mágoa emerge e leva ao surgimento de uma nova graça.

A mágoa nos abre, como nenhuma outra coisa, para a nossa realidade mais ampla. O sofrimento rompe os limites do que achávamos que éramos capazes de suportar. E, contudo, é através dessas rachaduras que irrompem os brotos da cura e da transformação.

Tornando-nos mais vulneráveis, nós mesmos nos voltamos para fora, estendendo nossas mãos e abrindo nosso coração aos outros que estão sofrendo. Em conseqüência de minha experiência, sinto que posso ser mais útil a outros que estão querendo rever seus próprios traumas de modo profundo e eficaz.

Além das conseqüências psicológicas que trouxe para mim, meu contato com a notoriedade inesperada e indesejada fez-me refletir sobre o significado mais abrangente do que aconteceu.

Por que, perguntei-me, quando duas mulheres inteligentes reúnem-se para praticar um exercício de introspecção e concentrarem os pensamentos em uma questão de importância vital, a imprensa enlouquece? Afinal, o exercício em si era bastante comum, plenamente coerente com algumas técnicas inovadoras usadas regularmente em reuniões e salas de diretoria de empresas por todo o país. O que foi que transformou o fato noticiado nos jornais vespertinos numa Inquisição?

Suspeito que a resposta encontra-se em duas grandes fobias – o medo do poder ascendente das mulheres e o medo do poder da imaginação e das realidades interiores. Junte-os, e você terá a Sombra de nossa época, o pânico dos métodos e soluções baseados mais nos valores humanos do que nos materialistas.

À medida que as mulheres conquistam posições de influência, seu modo de pensar e trabalhar torna-se cada vez mais um foco de atenção. Colocando mais ênfase na jornada do que no destino final, elas resolvem problemas procurando meios que façam com que as coisas se desenrolem e desenvolvam-se a partir de dentro, em vez de imporem soluções de fora. E o mais importante, elas sentem-se muito à vontade usando a imaginação para encontrar respostas.

Como não conseguem entender esses métodos e, portanto, controlá-los, as mentes antiquadas da estrutura de poder vigente ficam apavoradas. No caso da sra. Clinton e também do meu próprio, o medo levou a imprensa a transformar em notícia algo que era uma tentativa de resolver sérios problemas de uma maneira nova e de corrigir um desequilíbrio ecológico – o abuso desmedido que fazemos do mundo exterior e o uso insuficiente do interior.

É errado confiar apenas nas respostas fornecidas pelos fatos e dados estatísticos e ridicularizar as soluções que vêm da imaginação e da intuição. É errado considerar que as idéias com base na memória, na reflexão e na natureza criativa da psique sejam fantasias perigosas ou fantasmas.

O resultado desse modo de pensar antiquado é o que eu infelizmente sofri na pele – o encontro prematuro de Freud com o velho fundamentalismo, somado com P.T. Barnum, em notícias de primeira página e em horário nobre.

Não podemos mais nos dar ao luxo de viver sem levar em conta as emoções, as lembranças e as intuições. A corrente psicológica dominante tem de penetrar profundamente na corrente pessoal para renovar-se. Para salvar a nós mesmos e ao mundo, cada um de nós tem de trabalhar árdua e humildemente para adquirir as capacidades interiores necessárias para aprofundar e fortalecer sua vida psicológica e espiritual.

Como se pode fazer isso?

Em primeiro lugar, mesmo quando as circunstâncias não nos impelem para o mundo psicológico, podemos começar a visitá-lo por iniciativa própria. A familiaridade com o território – seus majestosos panoramas bem como seus atoleiros e espinhos – pode trazer-nos consciência e energia para os eventos cotidianos, bem como para os períodos de triunfo ou tragédia.

Vamos começar nossa exploração do plano psicológico com risadas e com um passo atrás para podermos ver a condição humana de uma perspectiva mais ampla.

Às vezes, acho que as civilizações avançadas da galáxia chamam nosso planeta de "*the Skunkworks*".

Você sabe o que é *Skunkworks,* não sabe?

Skunkworks é um pequeno laboratório antiquado em que cientistas malucos fazem experimentos malucos. E se por acaso o experimento sai fora do controle e cheira mal até as alturas do firmamento, tudo bem, porque todo mundo espera que *Skunkworks* produza mau cheiro, e alguns dos experimentos malucos chegam a dar certo.

É preciso, entretanto, tomar algumas precauções. É por isso que o planeta Terra e sua espécie mais perigosa, os seres humanos, tiveram de ser colocados nos confins da Via Láctea, longe do centro das coisas. Não se pode ter uma galáxia decente funcionando com um laboratório como esse fincado bem no meio dela!

E então, qual é o grande experimento que está sendo feito em nosso *Skunkworks* particular?

Deixando a brincadeira de lado, eu acho que ele está criando *sementes divinas.* De uma maneira um tanto quanto milagrosa, o universo conspirou para dar aos seres humanos recursos suficientes com os quais brincarem para que pudessem tornar-se co-criadores.

Co-criadores são pessoas como eu e você que entram em contato com seus recursos interiores, descobrem como usá-los e, então, assumem um papel ativo de Pai ou Mãe na tarefa de criar o mundo.

Criar o mundo pode ser uma empreitada monumental que envolve muitas pessoas e instituições, ou pode ser algo muito pequeno e restrito aos amigos e familiares mais próximos.

Ou mesmo à própria pessoa.

A dimensão da aplicação final faz pouca diferença quando se dá o primeiro passo essencial no sentido de adquirir autoconhecimento.

O conhecimento psicológico não é algo que se possa comprar. Ele não vem em frasco. Não vem pela Internet. Tampouco com este livro. Ele pode advir de escutar, observar e aprender com você mesmo de um modo muito especial.

Não há nenhuma dúvida de que esse ouvir e aprender seja um trabalho árduo. Mas as recompensas podem ser enormes. Para começar, a atenção ao funcionamento da nossa psique pode nos ajudar a fazer com que a criatividade torne-se algo central em nossa vida.

Dizem que idéias não valem nada. Não é verdade.

Idéias são diamantes estocados e armazenados na grande estrutura que é nosso sistema mente-corpo. Além da crosta superficial da consciência ordinária, somos todos cheios de idéias e associações relacionadas com outras idéias – o próprio material da evolução movendo-se em nós para surgir como inovação.

Nossa mente profunda está o tempo todo fazendo associações. O fato é que nós, em geral, simplesmente não ocupamos partes suficientes de nós mesmos para termos consciência delas.

Como são as pessoas que ocupam um espaço maior em si mesmas? Por que é que elas podem tomar coisas do mundo exterior, juntá-las com coisas do mundo interior e criar algo de novo?

Parte do segredo da criatividade é aprender a olhar para as coisas de maneiras diferentes. As crianças fazem isso muito bem, enquanto a mente delas ainda não se enrijeceu em padrões fixos.

Talvez você tenha ouvido falar no caso da menininha que por dias tentou enfiar um cadarço na calça do seu pijama. Num dia quente, ela entrou em casa depois de ter brincado no quintal e foi até o congelador pegar um cubo de gelo. Olhando para o cubo de gelo, ocorreu-lhe que se ela molhasse o cadarço e o congelasse na forma de uma ferradura, poderia passá-lo pela costura aberta de seu pijama.

Quando a maioria de nós anda no campo e os carrapichos se agarram em nossas calças, tentamos arrancá-los com cuidado para que não fiquem grudados em nossos dedos. Mas um homem olhou de modo diferente para esses irritantes carrapichos que se agarravam às suas calças. Não demorou muito para ele inventar o Velcro.

Johannes Gutenberg costumava observar as uvas sendo prensadas e pensar: "E se prensássemos letras dessa maneira?" Esse foi o começo da imprensa, que resultou neste livro e em tudo o mais que você lê.

A criatividade tem a ver com observar realmente as coisas que existem fora de nós, permitindo que elas se desenvolvam no grande interior e tornem-se acessíveis ao potencial de inovação.

Quando estudei as pessoas criativas, descobri que elas pensam de muitas maneiras diferentes. Elas não consideram simplesmente um problema. Elas o analisam tanto por meio de imagens como de palavras. Elas o sentem atuando sobre seu corpo e sua mente. Ficam imersas no problema até parecer que a questão com a qual estão trabalhando chegou ao ponto de quase adquirir uma personalidade própria.

O problema permanece no recôndito da mente delas enquanto prosseguem em suas atividades cotidianas. As coisas que elas vêem no mundo que as fazem lembrar do problema são absorvidas como água para o moinho da criatividade. Então, um belo dia, surge algo como uma possibilidade totalmente desenvolvida que exige que a testem, escrevam sobre ela, narrem-na, cantem-na, criem-na.

Grande parte desse mesmo processo pode ser aplicada a qualquer coisa que você quiser realizar.

Comece por dar a si mesmo uma intenção – algo que você quer fazer ou descobrir. Veja essa intenção como uma imagem – algo que você pode ver, sentir, ouvir, tocar ou mesmo provar. Então, concentre-se nas imagens de realização do futuro, utilizando o máximo possível de seus sentidos interiores.

Em breve você se verá apoiado por sua imagem, ativado por ela a ponto de ter a paixão e o propósito de fazer algo dela.

E, o que é melhor, a própria vida vai ter paixão por você. Você será um co-criador.

Bem, a criatividade não tem de, necessariamente, resultar em algo. Não precisa resultar numa canção, numa dança, num romance ou numa versão mais avançada de ratoeira. A maior forma de criatividade é a recriação de si mesmo. Além do mais, o trabalho criativo que você realiza consigo mesmo aumentará sua capacidade de ser criativo em outras coisas.

Com isso em mente, vamos voltar ao interior da montanha e subi-la até o segundo nível, o plano psicológico. Aperte o cinto de segurança. Essa subida pode virar uma montanha-russa.

De novo, você está subindo a montanha em círculos. Seus sentidos estão aguçados em conseqüência de sua visita ao mundo sensorial, e a fragrância dos pinheiros na brisa da montanha penetra agradavelmente em suas narinas. As relações entre os sentidos também estão aguçadas e você sente como se ouvisse o canto dos pássaros em sua pele.

Depois de sua última visita, brotaram cogumelos no caminho e você abaixa-se para ver suas cabeças marrom-avermelhadas e lamelas brancas. Um cheiro forte de terra invade suas narinas quando você colhe um para examinar mais de perto.

Você chega outra vez ao lugar onde está a placa de pedra. Dessa vez, você já consegue movê-la com mais facilidade para entrar no interior da montanha.

Descendo em círculos, você chega novamente à porta do mundo dos sentidos, dessa vez com perfume de rosas e odor de pão assando. Com uma breve carícia no painel de veludo, você a atravessa e continua descendo em círculos até chegar à porta espelhada, a entrada para o mundo psicológico. Com um olhar prolongado para os muitos aspectos de você refletidos no espelho, você abre a porta e entra.

Dessa vez, há alguém para recebê-lo. Essa pessoa é muito parecida com você, mas como você seria se tivesse passado mil anos desenvolvendo todos os seus potenciais. É o seu Eu Essencial, seu Guia – a parte de você mesmo que detém o código de seu destino superior, seu propósito de ser, que se manifesta agora como o que você ainda poderá ser.

Algumas pessoas vêem essa entidade como um representante da própria Alma - a parte mais profunda, sagrada e íntegra de você.

Outras a sentem como a força interior e vital que dirige sua vida e seu crescimento para que você se torne tudo aquilo que é capaz de ser.

Nosso Eu Essencial tem um brilho que nosso eu local não tem. Ele está em contato tanto com nossa vida como com a Vida do Universo. Ele está em contato com a sabedoria da Terra e com a sabedoria do coração. Ele pode colocar-nos em contato com os territórios inexplorados que existem no interior da nossa mente e do nosso corpo, pois conhece os mapas da alma e os tesouros que podem ser encontrados nela.

O Eu Essencial sabe quais os possíveis caminhos que nossa vida pode tomar e quer nos ajudar a escolher os melhores. Ele sabe como transformar a imaginação em realidade e a nossa vida numa vida criativa e satisfatória. Acima de tudo, ele sabe por que estamos aqui e o que ainda podemos fazer; aonde podemos ir e por que temos de ir até lá.

Mais próximo da respiração e mais próximo do que as mãos e os pés, o Eu Essencial é o amigo misterioso que sempre esteve próximo de nós, por mais que tenhamos negado sua existência.

Daqui para a frente, vamos chamar a esse ser de "o Amigo". Conhecer esse Amigo é uma experiência maravilhosa. Nunca mais estaremos realmente "sozinhos".

Para ajudá-lo a ter uma idéia mais clara desse Amigo, eu gostaria que você fizesse um exercício com a imaginação que pode parecer um pouco estranho no início. Mas confie em mim, ele funciona!

Para começar, coloque uma cadeira diante de você e "convide" o Amigo para sentar-se nela. Procure imaginar como é o Amigo, o que ele ou ela está vestindo. Procure ter uma sensação cada vez maior da presença do Amigo sentado na cadeira à sua frente.

Ainda com a sensação da presença do Amigo, feche os olhos por um momento e estenda suas mãos com as palmas voltadas para cima.

Imagine, então, que o Amigo, sentado diante de você, também está estendendo as mãos dele.

Veja se consegue sentir, mesmo que sutilmente, as "mãos" do Amigo tocando as suas. Talvez você sinta uma brisa suave ou uma leve sensação de eletricidade ou, quem sabe, tenha uma impressão ainda mais palpável.

À medida que essa sensação do toque de mãos tornar-se mais vívida, tente imaginar com seus sentidos interiores de visão e audição como o Amigo se parece, como é sua voz e como ele é. Mais uma vez, deixe a sensação da presença ficar mais forte.

Abra os olhos e procure manter a sensação da presença do Amigo. Depois, feche os olhos e repita o mesmo processo. Volte a abri-los, continuando a imaginar a presença do Amigo.

Vamos agora fazer algo que pode ajudar a intensificar ainda mais a sensação da presença do Amigo.

Levante-se e passe para a cadeira em que o Amigo esteve sentado. Imagine agora que você é o Amigo (que, de fato, é você) olhando e percebendo a versão local de "si mesmo", sentada à sua frente. Estenda as palmas de suas mãos e sinta as palmas das mãos e a presença de "si mesmo".

Como o Amigo, perceba como "você" é, a sensação de suas mãos, o jogo de luz e sombra em volta de "sua" face. Mas sinta "você mesmo" da perspectiva do Amigo compreensivo e compassivo. Olhe para a "pessoa" sentada à sua frente com a sabedoria que vem da alma, que é a sabedoria do Amigo.

Agora, levante-se e sente-se na cadeira em frente, retornando com isso à sua própria identidade. De novo, estenda as mãos para o Amigo, sendo a sensação do toque de mãos ainda mais intensa agora. Mas dessa vez, a sensação da presença do Amigo está ficando mais natural. Você sente que está, de fato, na presença de um Amigo maravilhoso.

Você pode querer trocar de lugar algumas vezes; ser você mesmo percebendo o Amigo e, em seguida, sendo o Amigo percebendo você.

A sensação da presença do Amigo é mais nítida agora?

Agora que você já tem uma percepção mais clara da existência do Amigo, viaje com Ele até as profundezas do mundo psicológico.

Logo depois da entrada, como você deve lembrar, encontra-se o poço da memória. Vamos primeiro visitá-lo.

Ter boa memória é algo valioso. Ela aumenta nossa inteligência e criatividade por proporcionar-nos acesso às milhares de imagens e idéias que um dia foram nossas. Ela permite que nos apropriemos mais plenamente de nossa vida – estarmos presentes em toda uma série de experiências e não apenas nas mais excitantes. A memória nos permite viver a vida que nos foi dada.

É fácil aprender a viver no tesouro da memória, em vez de ver a memória dissipar-se constantemente no horizonte como um trem que se afasta. Se você quiser ver o que contém o tesouro de sua memória, encontre um lugar confortável para que você e seu Amigo se sentem junto do poço da memória e vamos começar.

Uma névoa ergue-se do poço da memória, como imagens vistas ou sentidas, imagens que são lembranças de seu passado. A paisagem nesse mundo psicológico estimula a memória.

A presença do Amigo a seu lado também ajuda a tornar as imagens mais claras. Sempre que sua memória parecer nebulosa ou fugaz, peça ao Amigo para torná-la mais intensa e mais vívida, ou torne-se por um momento o Amigo e veja se consegue fazer com que as lembranças tornem-se mais reais.

Imagine agora que você está ouvindo uma voz suave que o faz se lembrar de cenas da sua infância. Enquanto as imagens sobem do poço, sejam elas em forma de figuras, palavras, cores, sabores ou cheiros, diga o seguinte em voz alta para o Amigo, se quiser, ou escreva em seu diário:

Fale-me das comidas preferidas da sua infância...

Fale-me de uma brincadeira ou de uma canção de que você se lembra da sua infância...

Fale-me de um professor muito querido ou muito odiado na infância...

Fale-me de um animal que você conheceu na infância...

Fale-me de um homem ou de uma mulher muito velhos que conheceu na infância...

Fale-me de uma menina ou menino que você conheceu na infância...

Fale-me de umas férias ou de uma viagem que você fez na infância...

Agora a voz sugere que você recorde cenas de outras épocas da vida:

Lembre-se da formatura do segundo grau ou de outra formatura...

Lembre-se do momento em que se levantou da cama hoje de manhã...

Lembre-se da primeira vez em que se apaixonou ou ficou louco por alguém...

Lembre-se de uma festa de aniversário recente...

Lembre-se de um dos melhores dias de sua vida...

Lembre-se de ter comprado ou recebido como presente este livro...

Lembre-se do Amigo percebendo você. Lembre-se de você percebendo o Amigo...

Enquanto você ativa as recordações da infância, existe a possibilidade de estar também ajudando a enriquecer o seu banco da memória. Você também recupera um pouco da vivacidade das percepções de quando era criança, uma vez que está despertando as lembranças dessas percepções, que passam a emprestar seu brilho às suas percepções da idade adulta. Trabalhando com as recordações de outras épocas de nossa vida, reajustamos todos os nossos sentidos.

Você pode praticar sua nova capacidade de memorizar de muitas maneiras diferentes e interessantes:

- Encontre uma fotografia de você quando era criança e examine-a atentamente. Feche os olhos e lembre-se de tudo o que puder de quando tinha a idade da fotografia. Depois, dê um passeio em meio à natureza e observe se suas percepções ganharam um pouco da vitalidade que você tinha quando criança.

- Procure fazer o mesmo exercício com a fotografia de sua mãe ou de seu pai ou mesmo com a foto de um homem famoso ou uma mulher que você admira. Veja o quanto você "se lembra" da vida de seu pai antes de você ter nascido ou da vida de uma pessoa famosa que você jamais conheceu pessoalmente.

Uma vez ligados os circuitos de sua memória, você pode "recordar" até acontecimentos que não presenciou. Você pode ter lido a respeito desses acontecimentos ou visto um filme ou programa de televisão tratando deles, mas lembrá-los por meio da imaginação pode parecer como se você realmente tivesse estado presente.

A memória imaginativa também faz aumentar sua criatividade, uma vez que desenvolve sua capacidade de fazer associações no teatro da mente. Ligações fortes entre a memória e a imaginação ajudam-no a inventar mais facilmente novos materiais.

Outra vez, imagine que uma voz o instiga a recordar certos eventos. Expressar em voz alta suas lembranças vão acionar o mecanismo de sua imaginação criativa. Se você preferir, poderá também anotar suas reações em um diário.

Seu Amigo o ajudará a fazer associações, porque Ele tem acesso direto a todas as coisas que você aprendeu, viu ou imaginou. Você pode também imaginar que seu Amigo o vincula com o inconsciente coletivo – o espírito e a memória de toda a raça humana.

Pronto? Vamos começar.

Lembre-se da sua primeira viagem marítima com Cristóvão Colombo...

Lembre-se agora da construção da Grande Pirâmide no Egito Antigo...

Lembre-se de Joana D'Arc comandando os exércitos da França...

Lembre-se de São Francisco de Assis falando com os passarinhos...

Lembre-se de Abraham Lincoln proferindo o "discurso de Gettysburg"...

Lembre-se de Cleópatra descendo o Nilo em seu barco de ouro perfumado...

Lembre-se dos dinossauros comendo as folhas das copas das árvores...

Lembre-se da criação da Terra...

Lembre-se da criação do universo...

Agora, sem dar importância à lógica, lembre-se de você daqui a dez anos...

Lembre-se deste planeta daqui a um milhão de anos...

Lembre-se de si mesmo neste exato momento...

Não será difícil para você prosseguir com este exercício.

- Examine uma foto antiga de pessoas do século XIX andando pela rua. Imagine-se de volta a esse tempo e ponha-se em cena.

- Faça da visita a um museu uma viagem imaginária através do tempo. Mergulhe em outras eras, outras vidas, "lembrando-se" de si mesmo, através das grandes pinturas, como uma dama importante da corte francesa, um santo ou até mesmo como a Criança Divina. Imagine-se no famoso quadro da assinatura da "Declaração da Independência" e coloque sua assinatura no documento. Coloque-se atrás da modelo enquanto Leonardo da Vinci pinta a *Mona Lisa*. Depois, saia para almoçar com ele.

- Lendo um romance histórico, descubra-se fazendo parte da aventura, inventando diferentes personagens, diferentes tramas e mesmo finais diferentes daquele que o autor escreveu. Logo você descobrirá que os potenciais criativos de sua mente querem expressar-se, pois histórias e tramas precipitam-se aos montes em sua mente.

Brinque com esse tipo de exercício sempre que quiser e você se tornará um autor de "lembranças longínquas".

E, então, você se lembra da intenção criativa que experimentou com todos os sentidos no final da jornada ao mundo sensorial?

Imagine agora sua intenção sendo realizada, mas desta vez a experiência será mais vívida. Não apenas com todos os sentidos envolvidos, mas também a visão da realização de sua intenção com uma espécie de imaginação tão clara que a faz parecer mais real do que antes. Ao "lembrar-se" de sua intenção criativa enquanto ela se desenvolve no futuro próximo, você a coloca mais firmemente no seu plano de vida.

Ao vivenciar de novo sua intenção, note que novas idéias e elementos foram acrescentados. Note, também, como a intenção pode ter mudado e como ela pode parecer mais real em sua mente, como se já estivesse acontecendo. Em certo sentido, ela já *está* acontecendo, porque nesse exercício você está estimulando sua paixão pelo possível, tornando possível um acontecimento mais provável. Portanto, vá em frente e imagine sua intenção da maneira mais plena possível...

Parabenize-se. Você dispôs-se e preparou-se interiormente para manifestar o que mais quer na vida. E o que é mais importante, a imagem interior de sucesso que você criou o torna mais capaz de encontrar as oportunidades de trabalhar criativamente pela realização de sua intenção. Uma imagem nítida proporciona-lhe a energia e o alvo para persistir nele até transformar seu sonho em realidade.

Vamos passar para outra parte do mundo psicológico para ver o que ele contém? Suas andanças o levam a passar pelas cavernas de seus potenciais, pelos rios de seus pensamentos, pelos prados cobertos de flores de suas emoções e estados de espírito.

De repente, você ouve um tique-taque, um repique, o som ribombante de um grande sino. Seguindo esses sons, você chega ao Templo do Tempo. O plano psicológico é a morada de muitos tipos de medidas de tempo, como você logo verá.

Entrando no templo, você descobre um salão cheio de relógios de muitos tipos. Há um relógio de sol e uma ampulheta e um antigo relógio de água da China, que deixa cair gotas de água a intervalos regulares. Olhe, há um relógio de igreja do século XIV com um sistema engenhoso de cordas e polias.

Relógios-cuco, o Big Ben, relógios de bolso, cronômetros, relógios de pulso, despertadores, relógios antigos e até mesmo um relógio atômico capaz de localizar as menores partículas de tempo que ocupam o espaço – cronômetros de todos os tipos.

Olhar para todos esses relógios traz à lembrança todos os tipos de tempo que você conhece. Aquele que consideramos o tempo do relógio é apenas uma pequena parcela do tempo de sua experiência.

Seu corpo funciona de acordo com um relógio biológico com seus ritmos circadianos que controlam os ciclos de sono e vigília, digestão, respiração e outras funções naturais.

Você conhece também a sensação de que *o tempo está voando* quando está se divertindo, do *tempo arrastar-se* de quando está entediado e até mesmo do *tempo parar* em momentos de choque ou maravilhamento. Você tem muitas vezes a sensação de estar fora do tempo, de estar perdendo tempo, de falta de tempo, do tempo de enamoramento, do tempo de ansiedade e de meditação, do tempo atemporal.

Se você já passou por algum momento de extrema criatividade ou teve alguma experiência mística ou arrebatadora, você sabe o que é sentir a eternidade desfazendo suas categorias normais de tempo.

Vamos considerar agora como seria se tivéssemos todo o tempo do mundo à nossa disposição. Na verdade o temos, e aprender a usar o tempo de muitas maneiras diferentes é um dos nossos maiores potenciais adormecidos.

Para iniciar nossa prática com o tempo, vamos fazer um exercício no qual a capacidade de imaginação que acabamos de aguçar pode nos ajudar a passar em alguns minutos o que normalmente exigiria uma hora, um dia ou mais.

Como você já deve ter percebido, as imagens não são apenas visuais. Elas podem ser também cinestésicas – sentidas no corpo como sensações musculares. Podem ser imagens auditivas ou mesmo imagens táteis ou olfativas. As imagens podem também ser combinações de sensações e podem ser apreendidas e conhecidas pela imaginação ou intuição.

Quando pensamos por meio de imagens, parece que nosso cérebro precisa de menos tempo para chegar a uma conclusão, reviver um acontecimento ou reavivar uma capacidade necessária quando pensamos em termos comuns. Alguns cientistas acreditam que essa diminuição no tempo ocorre porque pensar em imagens envolve um uso maior do hemisfério direito do cérebro, que não processa o tempo de uma forma linear, ou seja, um evento após outro.

Vou explicar o que estou querendo dizer. Escolha da lista a seguir algo que você queira explorar por meio de imagens:

- Fazer uma viagem ou passeio maravilhoso a algum lugar novo, ou revisitar um lugar em que esteve no passado.
- Investigar um projeto relacionado com seu trabalho.
- Planejar e preparar um prato delicioso e sofisticado.
- Redecorar seu quarto ou toda sua casa.

Você já se decidiu por algo?

Digamos agora que você tem um minuto do tempo do relógio para realizar esse exercício. Neste minuto, você vai fechar os olhos e ver o maior número possível de cenas, acontecimentos ou pensamentos em imagens relacionados com a viagem, o projeto, a refeição ou a casa. Talvez você queira colocar para funcionar o marcador de tempo usado para o cozimento de ovos ou pedir a um amigo para controlar o relógio.

Feche os olhos e comece a contar um minuto a partir de agora...

Acabou o tempo! Em termos subjetivos, quanto tempo parece ter passado?

Algumas pessoas podem achar que foram horas ou meses e até mesmo anos. Outras podem achar que o período pareceu infinito. Mesmo que você tenha sentido o tempo apenas como um minuto ou menos, quantas imagens diferentes você viu?

No mundo do tempo subjetivo, o tempo interior pode corresponder a muitas horas. Você pode ver rostos e lugares de todo o globo – a Grande Muralha da China, uma praia nas Antilhas, um jogo de futebol do lado de fora de seu antigo colégio, um casamento, o nascimento de um filho – qualquer evento que tenha ocorrido ou não em sua vida.

Uma vez que tenha tido acesso aos diferentes tempos, você pode recuperar e aperfeiçoar a capacidade de ser rápido e de ter todo o tempo que precisar para o que deseja fazer. E, o mais importante, você descobrirá que o tempo é um amigo e não um inimigo.

Na realidade, nós tanto estendemos como encurtamos o tempo o tempo todo, mas raramente temos consciência disso. Um truque interessante para se lidar conscientemente com o tempo é imaginar uma régua com 90 centímetros de comprimento. Faz de conta que os primeiros 30 centímetros representam o tempo passado, os 30 centímetros seguintes o tempo presente, e os últimos 30 o tempo futuro.

Agora, em sua imaginação, encurte o passado e o presente para 20 centímetros cada um e estenda o futuro para 50 centímetros. Visualize realmente os segmentos da régua aumentando ou diminuindo. Que mudanças você nota em seu corpo e em suas percepções quando o futuro é ampliado? Talvez você tenha uma sensação de alívio, como se tivesse todo o tempo de que precisa para fazer o que quer. Que maneira maravilhosa de reduzir o *stress* num dia atribulado!

Vamos agora aumentar o passado. Volte a visualizar a régua do tempo. No olho de sua mente, encolha o futuro para 20 centímetros, mantenha o presente em 20 também e aumente o passado para 50 centímetros. Você se vê agora parado no pico de uma enorme montanha de experiências? Você está mais consciente de suas bases e das ligações entre as pessoas e as coisas?

Como última experiência, vamos encolher o passado e o futuro para 10 centímetros e ampliar o presente para 70 centímetros. Dê agora uma olhada à sua volta. O ambiente circundante está energizado e carregado de presença? Observe, também, se seu nível energético aumentou. Um presente radicalmente aumentado é um bom estado para você cultivar quando precisa concentrar-se em algo.

Da próxima vez em que estiver assistindo a uma aula ou participando de uma reunião aborrecidas, lembre-se da régua do tempo e use-a para ampliar a sua sensação do tempo passado. É possível que você sinta o tempo da aula como se fosse mais curto. Quando, ao contrário, estiver divertindo-se com um amigo muito especial, estenda o futuro na régua para proporcionar-lhe a percepção de infinitas horas de prazer.

Com um pouco de prática, você pode tornar-se perito nisso e aprender a avançar ou atrasar o tempo à vontade!

Ter mais tempo subjetivo também proporciona-lhe mais tempo para viver e lembrar os momentos de alegria. Recordar os momentos alegres o faz se abrir para novos relacionamentos, para um entendimento mais profundo e uma apreciação maior da vida. E você pára de aborrecer a Deus.

Vamos agora fazer alguns desses jogos do tempo. Tome um minuto do tempo do relógio para recordar um acontecimento em sua vida que lhe proporcionou muita alegria. Use todos os seus sentidos e as faculdades da sua imaginação para viver a situação que recorda com alegria como se estivesse lá. Permaneça nesse estado de alegria por um minuto....

Agora, já de volta, como você se sente?

Reviver a alegria é criar uma vida de regozijo. Descobri que quando estou muito deprimida, a prática de recordar os momentos de prazer me dá uma perspectiva mais real da minha vida.

Com muita freqüência caímos no hábito de nos lembrar apenas dos momentos tristes ou dolorosos. Concentrar-se na negatividade aumenta a sensibilidade para a dor e fixa-nos mais intensamente em qualquer dificuldade que atravessa o nosso caminho. Mantendo esse hábito, nós passamos do sofrimento crônico para o cinismo, a paranóia e a idéia de que mundo está contra nós.

Recordar os momentos alegres exerce o efeito contrário. Procure colocar em prática o que os budistas consideram prestar atenção nos próprios pensamentos. Quando uma lembrança desagradável ou pensamento negativo começar a passar pela sua mente, diga "Pare!" e substitua esse pensamento por uma lembrança alegre.

Se não conseguir fazer isso, procure praticar a gratidão por tudo o que tem e por tudo o que você é. Aos poucos, sua mente se tornará uma cidade iluminada e não mais uma de suas ruas escuras ou becos sem saída.

A prática da gratidão por tudo o que o dia proporciona revela o lado da vida além das sombras. Enquanto olho à minha volta, sou grata pela beleza da planta sobre a mesa, pelo som da voz de meu marido no andar de baixo, pela inteligência do meu gatinho preto-e-branco, Boxer, que está aqui sentado enquanto escrevo, pensando em como desatar os nós dos laços de meus sapatos.

Olhe ao seu redor e descubra as coisas que o tornam agradecido. Podem ser coisas grandes ou pequenas – um raio de sol projetado na parede, uma pessoa ou animal de estimação, um conceito, um estado de ser, um mundo – qualquer coisa. Se quiser, diga o nome de algumas dessas coisas em voz alta e explique por que é grato por tê-las na sua vida. Você também pode fazer uma lista delas no seu diário.

Observe a mudança tanto na sua mente como no seu corpo enquanto pratica a gratidão. Se quer realmente mudar sua vida, assuma o compromisso de praticar a gratidão todos os dias. Você perceberá mais claramente as dimensões das coisas, terá mais disponibilidade para ajudar as pessoas e se verá participando com mais entusiasmo deste mundo admirável.

É possível que sua memória e criatividade também melhorem, porque você presta mais atenção nas coisas quando está em estado de gratidão.

Por quê?

Porque você as aprecia.

Você pode dar uma "Festa da Gratidão" algumas vezes por ano para amigos ou pessoas que você admira e quer homenagear.

Você pode querer aumentar o bem-estar geral escrevendo uma carta sempre que sentir a necessidade de agradecer a alguém por algo que ele tenha realizado. Sempre que gosto de um texto, escrevo ao autor agradecendo por seu trabalho. Procuro fazer o mesmo com as pessoas que colocam sua vida a serviço de outras, como enfermeiros, assistentes sociais e, sim, até mesmo alguns políticos.

Tendo passado algum tempo em "lugares importantes", fiquei chocada ao descobrir como se tem pouca consideração com as pessoas de vida pública. Elas lêem as cartas de estímulo com uma alegria e uma gratidão impressionantes.

Falando de pessoas por quem você pode sentir gratidão, seu Amigo tem uma idéia. Esta pode ser uma boa hora para você reencontrar suas personagens interiores e descobrir como elas podem ajudá-lo em sua vida cotidiana. Você percorre rapidamente o caminho pela floresta até chegar a uma clareira, onde elas o estão aguardando.

Olhe em volta e veja ou sinta a presença amável delas. É maravilhoso ter tantos auxiliares interiores dispostos, tantos mestres com tantas capacidades e atitudes diferentes – Cozinheiro, Pintor, Encanador, Psicólogo, Agente de Cura, Mecânico, Contador, Inventor, Poeta, Especialista em Relacionamentos, Pai e Mãe, Orador, Amante, Estudante, Professor, Teólogo, Viajante, Meditador, Comediante, Animal de Companhia, Faxineira, Escritor, Cantor, Líder de Grupo, Administrador do Tempo, Místico, Pessoa Compassiva.

Há muitas outras que você deveria conhecer. Algumas dominam uma certa habilidade que você tem, como nadar ou tocar violino, tecer ou tricotar.

Outras representam seus vários papéis e relações – filha, irmã, melhor amiga, companheiro, mentor.

O que quer que seja que você pratique e com a qual tenha familiaridade, seja grande ou pequena, você tem um especialista interior que está sempre à disposição para ajudar, ser consultado e inspirá-lo nos seus esforços.

Você gostaria de fazer uma consulta?

Escolha uma habilidade que você gostaria de desenvolver e peça a seu perito que se manifeste. Essa personagem vai conduzi-lo a um lugar próximo, onde vocês poderão trabalhar juntos para melhorar sua habilidade. Todos os materiais necessários encontram-se ali – tintas, piano, tacos de golfe, raquetes de tênis, computadores, sapatilhas de dança – tudo de que você precisar.

O próprio espaço ao seu redor parece estar transpirando a essência de sua habilidade. Nesse nível da psique, uma enorme quantidade de informações, que normalmente não é processada pela mente consciente, encontra-se acessível. Seu mestre interior tem acesso a todos os conhecimentos que você jamais imaginou, consciente ou inconscientemente, sobre aquela especialidade, bem como alguns outros truques. Quando você invoca o perito, parte desse conhecimento oculto pode ser apreendida e integrada no seu aprendizado.

Veremos como isso funciona.

O perito no assunto ou na profissão em questão pode comunicar-se com você com ou sem palavras. Talvez o ensinamento seja percebido como uma sensação muscular ou emerja como uma súbita intuição. Você pode receber a sugestão de praticar habilidades antigas ou para aprender novas. Não importa de que forma ocorre, esse mestre ou perito lhe dará instruções profundas e convincentes. À medida que recebe esse treinamento intensivo, você se sente cada vez mais livre, espontâneo e confiante, superando mesmo as inibições ou os bloqueios que tinha.

No exercício a seguir você trabalhará com o tempo subjetivo; coloque, portanto, um marcador de tempo ou peça a um amigo para fazê-lo para você.

Dê a si mesmo cinco minutos contados no relógio, período que equivale subjetivamente ao tempo que você necessita. Nesses minutos, horas ou dias, você terá uma rica sessão de aprendizado com o mestre na habilidade, recordando-a e aperfeiçoando-a. Feche os olhos e comece...

De volta agora, note como você se sente fisicamente. A habilidade tornou-se parte de você? Você tem uma sensação maior de prazer e confiança nela? Você está pretendendo desempenhá-la?

Na realidade, se você tiver a possibilidade de praticar essa atividade imediatamente, faça-o e observe se suas técnicas se aperfeiçoaram. Praticar com o mestre interior é algo que você pode fazer muitas e muitas vezes.

Depois de um certo tempo, você não terá mais que dar os passos preliminares para invocar esse membro da sua tripulação interior. Esse perito interior se integrará de tal forma a você que a impressão que você terá é que recebe instruções e faz progressos sempre que pratica.

Você poderá usar o mesmo procedimento para invocar outros membros de sua tripulação interior que dominam outras habilidades ou técnicas. Se você der a si mesmo tempo para recordar e praticar essas habilidades no nível interior, suas manifestações externas se desenvolverão muito mais rapidamente.

Mesmo as habilidades para se comunicar e para se relacionar melhor com as outras pessoas podem ser adquiridas por meio desse processo.

Você pode querer colocá-lo em prática invocando agora o Especialista em Relacionamentos. Esse membro de sua tripulação interior oferece-lhe o dom da comunhão, de entrar em contato com o Eu Essencial ou com alguém que você conhece, em vez de aprisionar-se a velhos padrões desgastados de relacionamento.

Eis aqui um modo pelo qual uma sessão como essa pode ocorrer. Mentalize uma pessoa com a qual você gostaria de se relacionar melhor. Use todos os seus sentidos para tornar clara a imagem dessa pessoa na sua imaginação – a aparência dela, sua voz, seus hábitos, suas atitudes e modo de ser.

Imagine agora que o Especialista em Relacionamentos conduz você e essa pessoa até um sofá onde podem relaxar e conversar.

Talvez agora o Especialista sugira que você e essa pessoa iniciem uma conversa sobre temas em que suas opiniões são divergentes. Na realidade você assumirá, é claro, ambos os papéis nesse diálogo imaginário. Abandonar suas pressuposições com respeito a outra pessoa e colocar-se no lugar dela pode trazer-lhe muitas revelações.

Se o diálogo não progredir, peça ajuda ao Especialista em Relacionamentos para que ele os ajude a prosseguir com a conversa. Por exemplo, o Especialista pode chamar a atenção para o fato de que você e seu amigo são, na verdade, mestres um para o outro, pois vocês honram e aperfeiçoam um ao outro em função das próprias diferenças.

Sob a orientação do Perito em Relacionamentos, você poderá então imaginar que está segurando a mão da outra pessoa e procurando enxergar profundamente a natureza essencial dela. Ao mesmo tempo, a pessoa com a qual você está querendo se relacionar melhor enxerga as profundezas da sua mente e do seu coração. Se você sentir alguma emoção, deixe que ela aprofunde a comunhão. Chore se preciso e deixe que seu amigo o console.

Quando sentir que a sessão acabou, peça ao Especialista que continue a ajudá-lo nessa relação. Prometa a si mesmo que sempre que puder, procurará adotar essa atitude de ouvir profundamente e de entrar em comunhão com seu amigo, para que vocês possam ter um encontro verdadeiro.

O Amigo toma-o agora pela mão e leva-o de volta para encontrar os outros membros da sua tripulação interior. Dentre eles, você talvez se sinta especialmente inclinado a trabalhar com o Agente de Cura.

Pode ser que você considere o Agente de Cura como sendo o representante da sabedoria e da intuição inatas de seu corpo, a parte de você que tem acesso a bilhões de informações sobre sua saúde e sobre como torná-la perfeita.

Deixando que a essência do Agente de Cura ocupe o primeiro plano da sua consciência, você pode ter uma visão mais ampla do que precisa fazer por si mesmo para recuperar sua saúde perfeita e conservá-la.

Se você quer consultar o seu Médico Interior, tome a mão dele e fite-o profundamente nos olhos. Pergunte ao Agente de Cura o que você pode fazer para melhorar sua saúde. As respostas podem vir em palavras, imagens, sensações ou fortes pressentimentos.

Dependendo do que você está precisando no momento, você pode fazer perguntas específicas sobre os sintomas que tem – se deve tratá-los ou ignorá-los. Pode também pedir orientação a respeito de dietas e exercícios. E o mais importante: você pode pedir para ter uma forte impressão de como seria se o seu corpo funcionasse perfeitamente.

Trabalhar com seu Agente de Cura dessa maneira é algo que na realidade nós fazemos o tempo todo. Se você é pai ou mãe, não "sabe" muitas vezes quando a dor de barriga de seu filho requer uma consulta ao médico ou simplesmente um abraço? Uma consulta com o seu Médico Interior possibilita que você aplique o mesmo tipo de intuição em você mesmo.

Você pode entrar em contato com outros aspectos de sua sabedoria interior trabalhando com outros membros de sua tripulação interior – o Inventor, o Amante, o Estudante, o Escritor, o Líder de Grupo, o Místico. Ao encontrar-se com cada um deles, você pode ter uma sensação de forte identificação ou mesmo de fusão por alguns instantes, e adquirir um pouco da habilidade que essa parte de você tem.

Se a idéia de ter tantos "seres" interiores lhe parecer estranha, é porque nossa cultura enfatiza demais a idéia de que cada pessoa tem apenas uma única personalidade ou papel coerente. Tendemos a nos ver através de uma única lente como advogados, professores ou donas de casa, como se esse simples rótulo fosse capaz de expressar tudo o que somos. Descrevemos nossa personalidade como "extrovertida" ou "calada e tímida", como "amigável" ou "solitária", como se esses termos pudessem expressar tudo o que somos ou que podemos ser. Nossos outros interesses, nossas outras partes, nós os trivializamos chamando-os de "passatempos" e raramente os consideramos como sendo partes de nós mesmos.

No plano interior, essa ênfase em uma personalidade única traduz-se num "ego local", limitado, pelo qual medimos e pesamos cada novo desafio e experiência. "Essa nova atividade ou pessoa fortalece meu ego local, minha percepção de quem sou?", nós nos perguntamos. Se a resposta é sim, nós a integramos e a incluímos no conceito que temos de nós mesmos. Se ela ameaça a fortaleza unificada do ego, nós rejeitamos a nova experiência ou pessoa e a expulsamos de nossa vida.

Quantas oportunidades de crescimento e enriquecimento negamos a nós mesmos por nos vermos dessa maneira limitada? Quantas novas habilidades, novos amigos ou colegas, novas experiências perdemos porque, aparentemente, eles não têm nada a ver conosco?

No entanto, existe um outro modo de ser. Aquilo que consideramos "personalidade" muda de uma época ou cultura para outra. Para muitos povos indígenas, nossa ênfase na satisfação dos desejos e vontades de um ego local unificado é considerada simplesmente como sendo loucura!

Em Bali, por exemplo, as pessoas estão sempre em contato com as diferentes partes de si mesmas. No período de uma semana, um balinês pode ser um fazendeiro rico, um artesão que faz máscaras, um músico de uma orquestra, um dançarino ou um ator de dramas ritualísticos, um desenhista têxtil e um membro de alguma entidade beneficente, ao mesmo tempo que continua a dedicar-se a todas as gerações de sua família. Cada uma dessas funções é "quem ele é" e a cada uma delas é dada ênfase e atenção plenas enquanto está sendo desempenhada.

O ideal balinês de uma personalidade fluida e múltipla pode ser um modelo para uma psique mais saudável a que todos nós podemos aspirar à medida que desenvolvemos novas maneiras de entrar em contato com os habitantes do nosso espaço interior.

Se a esquizofrenia, a divisão ou fragmentação da personalidade, é a doença do homem moderno, então a "polifrenia", o contato com as várias partes da nossa personalidade, pode representar um benefício para a nossa saúde. Na verdade, num mundo de encontros cada vez mais freqüentes com muitas diferentes culturas e modos de ser, o único meio de não nos perdermos é ter uma congregação ativa de personalidades interiores nos impelindo.

Se você quiser explorar a riqueza de um ser mais amplo, torne-se polifrênico, tanto nos seus atos quanto na personalidade.

Procure fazer um curso sobre um assunto em que nunca imaginou se aprofundar – como mecânica de automóveis, dança do ventre ou coleta de cogumelos silvestres. Recentemente aprendi a jogar beisebol. Um líder espiritual hindu-americano que conheço, muito popular, está aprendendo a jogar hóquei.

Desenvolver habilidades novas e incomuns é um meio maravilhoso de expandir a gama de atributos de seus vários eus.

Incluídos também em nossa congregação interna estão os aspectos que parecem ser nós mesmos em épocas anteriores. Popularizadas (e banalizadas) por nomes como "criança interior", essas versões anteriores de nosso eu são conhecidas por meio de uma variedade de procedimentos, incluindo a hipnose, a meditação e até mesmo a estimulação elétrica do cérebro.

Por que desejaríamos entrar em contato com essas entidades? Que benefício elas poderiam nos trazer hoje?

O problema é que essas nossas primeiras versões costumam estar presas a atitudes e mágoas por que passamos em outras épocas da nossa vida. Ali estão eles, nossos eus mais jovens, aprisionados numa espécie de trama do tempo, repetindo as mesmas tristes histórias muitas e muitas vezes. Eles não sabem que crescemos e progredimos e, por isso, continuam projetando velhos traumas em nossos pensamentos atuais.

Visitando uma versão anterior de você mesmo, como amigo e conselheiro sábio, você pode lhe dar conforto ou aliviar um pouco seu sofrimento e, assim, refazer os padrões e conotações emocionais de sua mente atual.

Você pode querer levar seu Amigo a esse encontro, uma vez que ele engloba a totalidade da sua vida e de suas lembranças, ou convidar alguns outros membros de sua tripulação interior para participar dele, talvez o Psicólogo, o Pai e a Mãe ou o Agente de Cura.

Pare um momento para refletir sobre alguns períodos da sua vida, quando uma visita de seu eu atual, possuidor da sabedoria e do discernimento que você adquiriu posteriormente, teria sido terapêutica.

Para esse exercício inicial, é melhor não escolher os períodos em que você passou por traumas. É preferível que você opte pelos períodos de confusão e conflito, quando um conselheiro sábio e compassivo teria sido muito útil.

Pronto? Vamos começar.

Descobri que é muito mais eficaz andar literalmente para trás quando se retrocede no tempo, para encontrar-se consigo mesmo em estágios anteriores. Colocar para tocar uma música suave de meditação também ajuda a realização dessa jornada.

Comecemos em um período próximo do presente. Pense em algum período dos últimos dez anos, aproximadamente, quando você precisou de um amigo que lhe desse estímulo e orientação. Retrocedendo mentalmente, invoque a pessoa que você era para que ela venha até você.

Visualize a imagem desse seu eu o mais nitidamente que puder. Veja-o parado à sua frente. Tome as mãos dele e, apoiado pelos membros da tribulação interior que trouxe consigo, fale com seu eu anterior, dando-lhe o estímulo e a força de que ele pode estar precisando.

Se esse seu eu precisar liberar alguma dor, seja por meio de lágrimas ou de uma explosão de raiva, ofereça-lhe sua compreensão e seu ombro amigo. Quando seu eu mais jovem começar a se sentir mais seguro, ajude-o a ver as conseqüências positivas que resultaram do fato de ter sido magoado ou ficado paralisado e ofereça-lhe a perspectiva de sua atual experiência e sabedoria...

Quando essa parte do processo parecer concluída, convide esse eu anterior para ir junto com você visitar um eu ainda mais remoto, talvez da época em que você tinha vinte anos.

Outra vez, andando para trás no tempo, encontre você mesmo num período da sua juventude, quando realmente necessitou dos conselhos de um amigo sábio. Talvez esse eu esteja confuso quanto à escolha de uma profissão ou de um parceiro. Esteja presente como um conselheiro sábio. Conte a seu eu anterior como as coisas acabaram se resolvendo, sobre as alegrias e satisfações que teve em sua vida por causa da difícil decisão que ele tomou...

Quando essa parte do processo parecer concluída, comece a caminhar de novo para trás, levando consigo seu jovem adulto para invocar o seu eu adolescente.

Ouça o adolescente que você foi, cheio de sonhos, esperanças e medos, dificuldades e anseios. Sinta as mágoas que seu eu em crescimento pode ter sofrido. Garanta ao adolescente que as mágoas de hoje são a força de amanhã. Dê a esse jovem a coragem para ser ele mesmo. Diga-lhe que a vida continua e que no futuro terá mais instrumentos disponíveis para viver...

Levando consigo o seu eu adolescente, retroceda ainda mais, até o tempo em que você, como criança pequena, poderia ter recebido a ajuda de um amigo mais velho e mais sábio. Surpreendentemente, essa criança que é você admite prontamente sua presença.

– É claro! – ele ou ela pode dizer –, você é eu grande. Quem são essas outras pessoas?

Apresente à criança todos seus outros eus e sente-se para conversar com ela sobre o que está acontecendo na vida dela. Se sua criança está se sentindo sozinha ou abandonada, dê a ela força e apoio; fale de suas qualidades e talentos. Proporcione à criança a sensação de encantamento diante do corpo dela, de sua mente e dos tesouros que eles contêm.

Dê um último passo para trás, e convide a criança para ir com você e o resto da tripulação interior fazer uma visita a você quando era bebê.

Sinta agora a maravilha de embalar nos braços seu eu bebê. Fitando com alegria e ternura o bebê que você foi, dê à sua criança divina a bênção de todas as suas vidas. Deixe que a criança aqueça-se na segurança e no amor que você lhe dá, dádivas que valem ouro, incenso e mirra...

Agora o seu Amigo volta-se para você, olha-o fixamente e pergunta:

– Você gostaria de parar por um momento para contribuir com o propósito da sua vida?

– É claro! – você responde.

– Então, siga-me.

O Amigo atravessa o que parece ser um abismo. No começo, você está nervoso porque parece não haver nada além do vazio embaixo de você. Mas logo o terreno fica firme sob seus pés e você é conduzido para o interior de uma câmara que está fora do tempo e do espaço, e onde os grandes Detentores dos Padrões delineiam as possibilidades de cada vida.

Talvez você visualize os Detentores dos Padrões como tecelões, trançando os muitos fios e cores das emoções e experiências. Pense com cuidado agora sobre que tecidos ou fios de possibilidades você mais gostaria de trançar no tapete da sua vida.

Seriam os fios de oportunidades? A seda dos relacionamentos? A lã nodosa dos desafios? Ou, quem sabe, o cetim do conforto e da abundância?

Talvez você queira consultar seus eus anteriores em busca de ajuda para escolher um padrão sábio e profícuo. Então, quando achar que o encontrou, descreva o novo intento aos Detentores dos Padrões.

Observe e sinta-o sendo colocado em sua vida, pois esse é o lugar da nova gênese.

Dando adeus aos Detentores dos Padrões, comece a andar para a frente agora, abençoando-se cada idade com o novo padrão de fortalecimento.

Ao chegar de volta à sua idade atual, você vê ao longe uma figura se aproximando. É uma pessoa muito velha e sábia. Quando ela chega mais perto, você vê que é seu futuro eu. Essa pessoa velha e sábia abraça-o e transmite-lhe a força, a graça e a coragem do futuro.

O velho sábio fala-lhe dos caminhos maravilhosos que estão à sua frente e lhe dá alguns conselhos acerca de como tomá-los. Ouça-o com atenção e assimile seus ensinamentos...

O que podemos dizer a respeito desse processo?

É claro que nada do que você fez vai mudar as coisas que já aconteceram em sua vida. Entretanto, você fez algo igualmente maravilhoso. Você melhorou o curso da sua vida.

Sabemos que os episódios da nossa vida estão codificados no nosso cérebro. Mas o cérebro não distingue muito bem o que aconteceu historicamente do modo como a memória foi refeita ou reimaginada. Como resultado desse exercício, suas lembranças do que aconteceu foram associadas a novas lembranças de conforto e cura, estímulo e fortalecimento.

Depois de realizarem esse processo, muitos de meus alunos relataram que tiveram a impressão de passar por uma expansão mental e de adquirir uma noção maior da espiritualidade. Disseram também que velhos medos e deficiências se haviam dissipado. Concedendo a si mesmos um "passado mais profundo", eles teceram novamente suas lembranças, acrescentando ricas camadas de amizade e conselhos sábios aos quais poderão recorrer no futuro.

Talvez você precise repetir o exercício muitas vezes para obter os melhores resultados. Assim, você está realizando uma verdadeira atividade cerebral – modificando o modo como a trilha do passado está impressa em suas células, desfazendo-se de hábitos nocivos, libertando a mente e dando nova energia e entusiasmo aos momentos em que essas qualidades podem ter sido perdidas.

A grandeza da nossa mente está na possibilidade de podermos viajar através do tempo no interior de nós mesmos e penetrar numa ferida, para iniciarmos o processo de libertação e cura. Cada vez que encaramos nossas feridas, reconhecendo-as e aceitando-as, nós as curamos um pouco mais, fortalecendo-nos e estimulando-nos para que não voltemos a cair no buraco negro do desespero.

Mas agora é hora de deixarmos o plano psicológico, de atravessarmos a porta espelhada e retomarmos a subida espiralada no interior da montanha. Ao passarmos pela porta do mundo sensorial, sentimos o aroma de musse de chocolate e prosseguimos até chegarmos ao topo. Saímos das entranhas da rocha e recolocamos a placa de pedra no lugar.

Descendo pela trilha que serpenteia pelo lado externo da montanha, você se maravilha diante dos prodígios da mente e de suas habilidades e faz votos de realizar muitas aventuras no seu interior. Mas por enquanto, você volta ao lugar de onde partiu, de onde, em breve, iniciará outra exploração.

A Jornada Mítica

Você sabia que você é o meio pelo qual os mitos se tornam realidade?

Pois fique sabendo que é.

Você é o palco vivo onde as grandes lendas de todos os tempos e lugares atuam na vida cotidiana. Sob a camada do seu mundo corriqueiro jaz o amplo sistema original de tudo o que Foi Uma Vez e do que Pode Ser.

Você já percebeu isso se alguma vez esteve à procura de algo – um novo emprego, um lugar onde se sinta em casa, um amor perdido, um novo modo de ser.

Qualquer que tenha sido a sua busca, você vagou com Percival em busca do Santo Graal, seguiu a estrada coberta de tijolos amarelos com Dorothy para voltar ao Kansas, trabalhou com Psiquê para recuperar Eros, descobriu com Luke Skywalker os segredos do uso da Força, meditou com Buda sob a árvore bodhi, decidido a alcançar a iluminação.

Contar histórias é a forma mais antiga de ensinar e o principal veículo para transmitir uma cultura de uma geração para a outra.

Volte cinco mil anos atrás ou mais no tempo, até seus ancestrais que, para se proteger do frio, acocoravam-se ao redor de uma fogueira tremeluzente. Sua avó ancestral começa a contar uma história sobre alguém que está perdido numa floresta escura. Seu tio ancestral aproveita para continuar, contando sobre visões de estranhos animais, encontros com espíritos andarilhos e descobertas de talismãs mágicos. Sua sobrinha ancestral encolhe-se de medo e prazer, aproxima-se e pergunta:

– O que aconteceu depois?

Essa cena tem-se repetido muitas e muitas vezes por inúmeras gerações até sua família que, ainda hoje, costuma reunir-se diante da tela tremeluzente da televisão ou do cinema, vibrando diante de uma história de há muito, muito tempo, numa galáxia muito distante, num recanto escuro do espaço sideral, heróis se encontram com seus gloriosos aliados e com eles combatem com sabedoria as forças das trevas.

A lenda é o caldo que faz evoluir a consciência e a cultura.

Se Jesus tivesse feito pregações longas e aborrecidas em vez de contar parábolas, você acha que alguém o teria escutado?

Se as grandes epopéias do Mahabharata e do Ramayana não estivessem impregnadas da alma da Índia, essa cultura seria tão fértil em termos espirituais?

Se um visitante de outro planeta descesse à Terra e perguntasse aos seres humanos, "O que vocês realmente são?", teríamos de responder, "Somos contadores de histórias".

Contar histórias é a moeda corrente do desenvolvimento humano. Ao serem contadas e recontadas, ouvidas muitas vezes, elas revelam seu significado mais profundo.

Todos nós conhecemos intuitivamente o poder da narrativa. Trocamos histórias com nossos amigos e familiares, repetindo a mesma história muitas e muitas vezes.

Um velho amigo lhe pergunta, "Já lhe contei o caso de...?" e você responde, "É claro que sim, mas conte-me de novo", porque a cada vez que são contados os fatos vão ficando mais claros, o ouro do significado é polido e uma nova luz invade seus pontos obscuros.

Além disso, a forma como contamos a nossa vida muitas vezes determina como a vida nos trata.

Se vemos a nossa vida como uma história banal, facilmente caímos na inércia e no fracasso. Ver nossa vida como uma história mais rica coloca-nos de volta sobre nossos próprios pés e nos ajuda a continuar vivendo.

E ver nossa vida como uma história maravilhosa pode nos encher de paixão pelo possível, proporcionar-nos os códigos de acesso a uma nova gama de possibilidades e a uma vida mítica.

Eis aqui um exemplo do que estou querendo dizer. Uma conhecida minha via a história de sua vida como um drama com um final triste. Os filhos tinham crescido e saído de casa, o marido andava absorvido pelos negócios e sua vida consistia em ver as mesmas pessoas e fazer as mesmas coisas. Sem uma história envolvente, sem nenhum sentido para a própria vida, ela sentia que estava morrendo de tédio.

Então, um belo dia, uma amiga enviou-lhe um cartão de saudações, com um poema de Emily Dickinson:

Eu não pintaria – um quadro –
Eu preferiria ser o Quadro
É totalmente impossível
Demorar-se sobre e deliciosamente
Indagar-se sobre como sentem os dedos
Cujo impulso raro – celestial
Evoca um Tormento tão doce –
Um Desespero tão suntuoso –

Tampouco seria Poeta
É melhor – ser dotada de Ouvido –
Enamorada – impotente – contente
A Permissão para reverenciar
Um privilégio tão terrível
O que seria do Dote,
Se tivesse a Arte de surpreender-me
Com Flechas de Melodia.

Quando ela leu as palavras "desespero suntuoso", disse para si mesma: "Que maravilhoso seria erguer-me desse meu desespero fútil para uma suntuosa celebração da minha condição!"

Ela começou a procurar por palavras mais vivas para descrever seus sentimentos: "o inverno ártico de minha alma", "campos não cultivados de vida fracassada", "beijos desérticos no oásis do coração".

Então, ela lembrou que na adolescência costumava escrever poesias e recomeçou a escrevê-las, baseando-se nos problemas do dia-a-dia.

– Não acho que meus poemas sejam exatamente "flechas de melodia" – ela me disse –, mas pensar em mim mesma como poeta ajudou-me a seguir em frente.

– O que aconteceu depois? – perguntei.

– Enviei um poema para minha filha casada e ela me respondeu com outro poema feito por ela mesma. Logo começamos a nos falar regularmente por telefone e nos tornamos tão próximas como não éramos há muitos anos.

– Depois, um dia, numa época em que não nos falávamos com tanta freqüência, propus-me a ler um de meus poemas para minhas amigas. Elas ficaram intrigadas e em uma semana tínhamos formado um círculo de poesia. Começamos a expressar e explorar nossos sentimentos como jamais tínhamos feito.

– Uma coisa foi puxando a outra e não demorou para estarmos criando outros grupos de pessoas interessadas em poesia nas igrejas dos arredores. Minha vida tinha ficado muito mais rica.

Em um ano, essa mulher foi convidada para criar círculos de poesia para as mulheres da cidade. Ela serviu voluntariamente como Amiga em julgamentos de garotas adolescentes em dificuldades e tornou-se ativista social na tentativa de ajudar famílias.

Atualmente ela leva uma vida bastante movimentada, repleta de aventuras e que ela não trocaria por nada.

– Hoje eu me surpreendo com flechas de melodia – ela declara. – E levo melodias a lugares em que as pessoas tinham esquecido que o canto da vida existe.

Passando de uma história de vida medíocre para uma mais rica e, depois, para uma maravilhosa, essa mulher girou uma chave e abriu as portas de sua alma, que estavam trancadas. Ela vive hoje uma vida que só pode ser considerada mítica.

Essa história demonstra com que facilidade a pessoa pode ser arrastada para o plano mítico. Sua linguagem portentosa, seus símbolos e imagens encontram-se todos à nossa volta, repletos de sentido e propósito. Os mitos nos falam da luta para inspirar vida nova em terra infértil, da morte da alma e sua ressurreição, da procura do ser amado, da grande ferida que transforma a pessoa em grande terapeuta.

Os mitos são histórias maravilhosas que foram contadas tantas vezes por tantos anos e por tantos povos com culturas diferentes que acabaram tornando-se parte da estrutura da consciência humana.

Ou talvez seria mais correto colocar a questão de modo contrário.

Os mitos expressam tão bem os códigos profundos da consciência humana que as pessoas de todos os tempos e lugares sentiram-se impelidas a contá-los e recontá-los para expressar as verdades mais profundas que conhecem a respeito de si mesmas.

Consciente ou inconscientemente, somos atraídos para as histórias que nos oferecem as peças que faltam para completar o quebra-cabeça de nossa própria vida. Quando deparamos com essas histórias, nós as reconhecemos imediatamente. Existe algo nelas, um instante de ligação que diz: "Nesta história há um pedaço da minha própria vida."

Joseph Campbell, que provavelmente entendeu mais de mitos do que qualquer outra pessoa de nosso século, colocou muito bem a questão: "Os símbolos mitológicos não são manufaturados; eles não podem ser ordenados, inventados ou reprimidos para sempre. São produções espontâneas da psique e cada um traz em si, imutável, o poder germinal de sua fonte."

Ninguém escapa do mito, por mais que tente e por mais comum que possa parecer a própria vida. Os seres humanos, no coração e no espírito, são seres mitológicos. Codificados em nossas próprias células, os mitos desenvolvem-se nos nossos ossos, temperam-se no nosso sangue, percorrem nosso sistema nervoso, encarnam conosco no útero, desempenham os papéis e rituais de nossa vida, participam da celebração de nossos triunfos e do sofrimento pelas nossas derrotas.

Desde o princípio, nossa vida é uma história grandiosa, um verdadeiro mito. Todos nós nos desenvolvemos, em parte, do esperma que nos concebeu – daquele herói dentre os milhões que conseguiu superar obstáculos insuperáveis e unir-se com sua outra metade cósmica, apenas para morrer gloriosamente numa explosão de vida nova.

Todo adolescente sonha com a terra além do arco-íris, o reino mágico dos adultos onde ele irá deixar de ser desajeitado, irá assumir importantes funções, será visto como realmente é e encontrará sua gloriosa outra metade que é sua alma gêmea.

A típica crise da meia-idade é uma espécie de drama da Paixão. Perdemos o emprego, nosso casamento se desfaz, enfrentamos doenças graves. Essa perda de nossas esperanças e sonhos parece ser, muitas vezes, uma forma de morte.

Mas como nos mitos, sofremos ao longo do desenrolar da história, cujo final é uma capacidade maior de entendimento e mesmo o renascimento para um novo modo de ser.

A morte também é uma transformação mitológica – não um fim, mas a travessia de outro limiar, uma viagem para o Grande Mistério, onde unimos nossas energias com o Lugar de Origem de onde provêm todos os grandes mitos.

O mito é a grande dádiva que o universo nos deu para nos ajudar a vencer os obstáculos no caminho da vida. Quando recordamos as histórias das gerações passadas e nos religamos a elas, um mundo de experiências ricas e variadas abre-se diante de nós.

As grandes lendas permitem que nossa vida seja reescrita de maneira mais ampla. Quando refazemos nossa história de vida, tornando-a mais rica, ou quando penetramos conscientemente na intensidade dos dramas mitológicos, descobrimos novas metáforas para expressar o conflito e a conciliação, fortalecemos nossos escudos pessoais, descobrimos objetos poderosos que nos impedem de sermos feridos e forjamos novos vínculos com os gloriosos aliados interiores.

O mito é como um campo de força que dá sentido e significado aos incidentes de nossa história pessoal. Ele sustenta e forma nossas atitudes emocionais, dá-nos um propósito na vida e enriquece nossos atos cotidianos. Ele dá à vida sentido e importância.

Quando relacionamos nossa vida com as experiências dos personagens mitológicos, recebemos um manancial de experiências que ilumina e fortalece as nossas próprias. Logo descobrimos que nós também somos personagens importantes no drama do espírito do mundo, forçando os limites de nossa própria história local e criando coragem para sermos e fazermos muito mais.

Redirecionamo-nos para a grandeza e tomamos nosso lugar junto de Percival e Penélope, da Mulher Búfalo Branco e da Dama do Lago, de Quetzalcoatl e de Bridget e Mr. Spock.

O nome do novo personagem que forjamos a partir do mito é Você. E o título da história é Sua História.

Agora, se você está preparado para explorar os modos pelos quais os mitos podem passar a fazer parte da sua vida e estimulá-la, viaje mentalmente para a montanha do eu e desça até o plano dos mitos.

E eis você aqui de novo, subindo a montanha. Você já é mais do que era no começo desta jornada – tem mais percepção e sensibilidade, maior capacidade física e emocional, está de posse de outras partes de sua personalidade. Você desfruta o perfume dos pinheirais, ouve o ruído dos cascalhos, das folhas e da terra sob seus pés, percebe os parcos raios de sol através das copas das árvores, sente a carícia do vento enquanto escala a montanha.

Você alcança o topo e afasta a placa de pedra. Você ainda não consegue ler muito bem o que está escrito nela, mas algo em você lhe diz que está chegando mais perto de decifrar sua mensagem.

Você se enche de um estranho entusiasmo. Essa descida pelo caminho no interior da montanha parece ser uma jornada extraordinária, uma visita a um lugar muito familiar e ainda assim cheio de promessas de novas descobertas.

Você passa pela porta para o prazeroso Mundo dos Sentidos, percebendo que seus sentidos estão mais apurados. Passa pela porta espelhada que leva ao Mundo da Psique, parando para dar uma olhada.

Desta vez, você não está sozinho no reflexo. Muitos membros de sua tripulação interior parecem estar parados a seu lado. Um deles avança, sai do espelho e junta-se a você. É o Eu Essencial, aquele que chamamos de Amigo. O Amigo está muito bem-humorado e parece saber algo que não sabemos. Há um outro membro de sua tripulação segurando a mão do Amigo, uma criança vivaz que insiste em acompanhá-lo.

Conduzidos pelo Amigo, você e a criança continuam a descer o caminho espiralado até chegarem a uma porta lindamente esculpida que dá para o Reino dos Mitos e Símbolos.

Esculpidos nela estão os trabalhos de Hércules, os contos do rei Artur e da rainha Guinevere, a epopéia hindu de Rama e Sita, a lenda navajo da Mulher Aranha e a criação dos cinco mundos. O Graal parece maior do que nunca e parece emitir uma luz que projeta as faces dos heróis e heroínas dos tempos imemoriais.

Você abre a porta e é envolvido no tumulto de uma atividade frenética. Um barbudo forte e ruivo em trajes antigos está pegando os remos e desfraldando as velas de uma embarcação de madeira. Um cavaleiro está encilhando seu cavalo empinado, preparando-se para fazer uma viagem. Uma menininha com um cachorrinho a seus pés está olhando sonhadora para o céu. Um jovem casal de hindus está chorando por ter de deixar a cidade dourada.

Confuso, você vira-se para o Amigo.

– Quem são essas pessoas? O que está acontecendo aqui?

– Eles são alguns dos grandes heróis e heroínas dos mitos partindo para suas aventuras – responde o Amigo. – Aquele homem forte é Ulisses, preparando-se para deixar Tróia. O cavaleiro é Percival, partindo em busca do Santo Graal. A menininha é Dorothy, sonhando com o reino além do arco-íris. Aquele belo casal é Rama e Sita. Estão sendo banidos de seu reino e passarão 14 anos vivendo na floresta. Se você olhar mais adiante, verá muitos mais, pois estamos no reino onde se originam os mitos.

– O que estamos fazendo aqui? – você pergunta ao Amigo.

– Você vai participar da jornada – o Amigo responde – e descobrir que essas lendas são, na verdade, a sua própria história ampliada – as lições aprenderam suas próprias lições, suas próprias provações e riscos em trajes de fantasia.

– Escolha um com o qual iniciar hoje, sabendo que sempre poderá voltar outro dia e fazer outra escolha.

– Como escolher? Todos eles parecem tão atraentes.

De repente, a criança o puxa pela mão em direção a uma cena que você ainda não tinha notado. Um jovem de cabelos loiros está golpeando uma engenhoca caprichosa numa paisagem desértica.

– Conheço esta história – a criança grita. – É Luke Skywalker. Vamos ver o que acontece com ele.

– Que divertido! – você exclama, seguindo a criança.

– Uma boa escolha – declara o Amigo. – A criança em você sabe que algo importante está acontecendo nessa história que tem importância para a sua vida e mesmo para a cultura em geral. A história de

Guerra nas Estrelas conta a jornada do herói em sua versão mais recente e popular, um conto clássico revestido de uma engrenagem altamente tecnológica.

– A jornada de Luke Skywalker e seus aliados é a volta do herói de mil faces. Ela pode ajudá-lo a descobrir as muitas faces que você tem e, também, suas muitas histórias.

– O que você quer dizer com jornada do herói e quem é o herói de mil faces? – você pergunta.

O Amigo explica.

– Você se lembra da primeira vez em que visitou o Reino dos Mitos e Símbolos? Você fez uma excursão rápida pelos quatro estágios da jornada do herói: o Chamado à Aventura, a Reunião dos Aliados, a Travessia do Limiar para o Reino do Poder Ampliado, o Ventre da Baleia, o Caminho das Provações e Aventuras, o Encontro com o Grande Pai e com a Pessoa Amada, a Obtenção de um Grande Dom e, depois, o Retorno como Mestre dos Dois Mundos.

"Esse padrão é encontrado na maioria dos grandes mitos, pois ele faz parte da psique humana, como também dos estágios da nossa evolução. Milhares de heróis e heroínas dos grandes mitos passam por esses estágios. Se você quiser que a história de sua vida seja heróica, você terá de passar por eles também. Vamos agora entrar nessa história universal e ver aonde ela irá nos levar."

Subitamente, você começa a sentir muito calor. Você olha para cima e vê dois sóis incandescentes num céu azul pálido. Você não está mais na Terra, mas no nebuloso planeta Tatooine. Seu corpo é o de um rapaz magricela de 20 anos. Seu estado é de total frustração. Ei-lo ali, preso a um planeta insignificante, fazendo um trabalho que detesta e sem muita esperança de escapar.

Você deseja ansiosamente que algo – qualquer coisa – aconteça. Todos os seus amigos foram embora. Se apenas seu tio permitisse que você abandonasse a fazenda, como fez seu pai, para tornar-se um piloto. Mas seu tio continua insistindo para que você fique "apenas por mais uma estação", como já insistira no ano anterior e também no outro e irá sem dúvida insistir no próximo ano e no seguinte.

Você sente que está prestes a explodir. Potenciais desconhecidos e não usados anseiam por emergir. Mas como isso poderá acontecer?

Quantas histórias começam no deserto, onde são destroçadas as esperanças e são impostas regras rígidas aos jovens, sem que seus sonhos sejam levados em consideração? Em *O Mágico de Oz*, a versão cinematográfica do mito de sessenta anos atrás, outra jovem frustrada vive aprisionada em uma paisagem poeirenta. A monotonia da paisagem do Kansas representa sua frustração, poeira e terra sem alma.

Como a tia e o tio de Luke, os de Dorothy são excessivamente zelosos e preocupados. Como Luke, Dorothy anseia por um lugar mais profundo e mais verdadeiro, onde os sonhos que ela ousa sonhar possam realmente se realizar. Mas terá de ocorrer uma calamidade vinda do céu para forçar Dorothy e Luke a saírem da imobilidade e tomarem o caminho da aventura.

Na realidade, essa cena é muito familiar e não apenas uma cena de filme. Ela se encaixa na sua própria vida, quando você está preso em um mundo de mesmice, cinzento e triste, por não encontrar saída.

Os grandes mitos fazem-nos lembrar de que a vida proporciona essas situações "sem saída" para nos impelir a encontrar uma saída do planeta da desesperança, para as novas possibilidades que estão além do arco-íris.

Fique de olhos fechados por um minuto e lembre-se de um tempo em que você esteve preso a uma situação como Luke e Dorothy. O que estava acontecendo? Invoque a lembrança. Dê voltas em torno dela. Escreva sobre ela em seu diário por alguns minutos, se quiser. Reviva os sentimentos que ela lhe causava e lembre-se de como era sentir-se tão imobilizado e frustrado.

Todas as experiências no deserto, tanto as suas como as de Luke e de Dorothy, contêm em si o embrião da oportunidade, a oportunidade mágica de parar o tempo e mudá-lo. Mas, em geral, para fazer isso é preciso uma mudança radical na consciência, pois nem sempre está claro que caminho tomar. Na maioria das vezes, a pessoa tem de ser arrancada da imobilidade por circunstâncias e forças avassaladoras.

Vejamos como isso aconteceu com Luke e lembre-se como pode ter acontecido com você.

No céu, além dos limites da visão, uma nave dos aliados rebeldes transportando a princesa Léia Organa foi capturada pelas Forças Imperiais, lideradas pelo senhor perverso, Darth Vader. Ele suspeita que a nave esteja levando planos secretos para a Estrela da Morte, a impenetrável estação imperial de combate, com poder de fogo suficiente para transformar os planetas em farelo e assumir o controle absoluto sobre todos os seres da galáxia.

Sabendo que a nave foi apreendida, a princesa Léia introduz os planos roubados no mal-humorado robô em forma de hidrante, o R2-D2, que, com seu companheiro, o atrapalhado robô metálico de forma humana, C-3PO, sobe para uma saída de emergência e foge para o planeta abaixo.

Quando os robôs, ou dróides como são chamados, passam a pertencer ao tio de Luke, você, como Luke, se oferece para fazer uma limpeza no pequeno dróide. Você descobre que R2-D2 leva na memória um grito de socorro em forma de holograma, que partiu de uma jovem mulher atraente. "Nos ajude, Obi-Wan Kenobi, você é a nossa única esperança."

A mensagem ecoa na nossa consciência e você observa a garota em estado de encantamento. A beleza dela desperta em você o anseio por algo muito familiar e há muito tempo esquecido. Agora que você já a viu, nada mais será como antes.

Quando R2-D2 decide por conta própria entregar a mensagem ao homem que ele diz ser o verdadeiro dono, você e C-3PO partem num carro veloz para reavê-lo do velho Ben Kenobi, um ermitão que alguns dizem ser louco, e que vive às margens do mar das dunas.

Ben Kenobi revela ser muito mais do que louco. Sua presença sábia e sua força serena exercem imediatamente atração sobre você. É evidente que as águas podem ser muito profundas aqui e você tem a impressão de que ele sabe muito mais do que está lhe dizendo.

Você fica sabendo que Ben é o último dos cavaleiros da sociedade lendária de Jedi, que defenderam a liberdade da galáxia e foram todos aniquilados pelas forças obscuras do Império. Ele lhe diz que tem um presente de seu pai para você, uma bela arma, um sabre de luz, usado pela ordem secreta dos cavaleiros de Jedi, da qual seu pai também fez parte.

Quando R2 transmite toda a mensagem para você e Ben, a bela jovem é identificada como sendo a princesa Léia. Ela suplica a Kenobi que entregue o dróide e seus planos roubados a seu pai, no planeta Alderaan, que poderia usá-los para atacar a Estrela da Morte.

– Você terá de vir comigo a Alderaan – diz Kenobi.

Você está extremamente tentado, mas seu velho padrão de obediência às normas e aos desejos de seu tio ainda atua com muita força.

– Não posso, tenho de ir para casa.

Mas não existe nenhuma casa para onde você possa retornar. As Forças Imperiais seguiram os dróides fugitivos até a fazenda de seu tio. Tudo o que resta são ruínas. Todos estão mortos. Tudo foi incendiado da maneira mais abominável. A destruição veio do céu e, queira você ou não, sua aventura já começou.

O Chamado à Aventura, pois é por isso que Luke Skywalker passa quando ouve a mensagem de Léia, pode vir de várias formas. Em geral, somos chamados quando sentimos que estamos vivendo uma situação ultrapassada, quando nada do que fazemos dá certo, quando já saímos da zona de conforto e sentimos que nosso verdadeiro lar está em outra parte.

No entanto, o Chamado não precisa ser tão violento quanto o foi para Luke. Pode também vir de maneira silenciosa, como uma voz clamando de dentro ou um sussurro acerca de novas possibilidades. Mas como quer que ele venha, exige ação imediata.

Para o jovem príncipe Gautama Buda, que foi protegido por seu pai de qualquer experiência desagradável, o Chamado veio quando ele pediu ao condutor de sua carruagem que o levasse para a cidade fora dos muros do palácio. Pela primeira vez, ele vê um velho, um homem doente e um cadáver. Tocado insuportavelmente por essas visões, Gautama jura abandonar seu lar e sair em busca de um meio para acabar com o sofrimento humano.

Como foi o Chamado para você? Foi por meio de uma cutucada silenciosa, de um grande alarido, de uma grande catástrofe ou simplesmente por meio de um chamado de seu espírito para abrir as portas e janelas para outro modo de ser?

Ou, quem sabe, você ainda está esperando pelo Chamado e, independentemente de sua idade, ainda continua perguntando-se o que vai ser quando crescer.

Para o bem da aventura, veremos como o Chamado poderia soar para você hoje. Siga o Amigo, que o conduz a um quarto vazio com piso, paredes e teto totalmente brancos. Sobre um suporte branco, há um aparelho de telefone preto.

– Que lugar é este? – você pergunta ao Amigo.

– É conhecido como a Estação de Chamadas – responde o Amigo. – Aqui você recebe o Chamado do âmago de seu ser. Esse Chamado não propõe uma solução para os seus problemas cotidianos. Ele não vai lhe dizer para vender sua casa, mudar de emprego ou encontrar outro parceiro. É um Chamado que o desafia a despertar para seu verdadeiro destino.

Subitamente, o telefone começa a tocar.

No começo, você fica relutante, talvez com um pouco de medo, mas os toques persistem.

Você pega o fone, coloca-o no ouvido e ouve um Chamado que é exclusivamente para você. A mensagem pode vir em forma de palavras, de imagens ou mesmo de uma forte sensação ou pressentimento. Não tenha medo de fazer perguntas, de iniciar um diálogo com aquele que está do outro lado da linha. Se quiser anotar ou desenhar a mensagem, faça-o.

Reserve um tempo para refletir sobre o que aprendeu nesse momento. Se não tiver certeza do significado do Chamado ou se não tiver nenhuma idéia do que ele significa, sempre poderá voltar a esse lugar e atender ao Chamado quando ele se manifestar.

Uma vez convidado a empreender a Aventura, você precisará de alguns Aliados. A jornada de transformação é árdua e requer várias mentes e habilidades para ser bem-sucedida. Nas lendas tradicionais, os Aliados do herói ou da heroína são com freqüência animais, membros de outras espécies, fadas-madrinhas, auxiliares mágicos.

Em *O Mágico de Oz*, Dorothy encontra três desses Aliados: como representante do reino vegetal, o Espantalho; do reino mineral, o Homem de Lata; e do reino animal, o Leão. Juntos com Dorothy, eles respondem ao Chamado descendo a estrada coberta de ladrilhos amarelos para começar sua aventura e descobrem que as qualidades que achavam que não tinham, na realidade, têm em profusão.

Quem serão os Aliados de Luke Skywalker?

Como Luke, você vai com seus novos amigos Obu-Wan Kenobi e os dois dróides a um bar na decadente cidade do porto espacial de Mos Eisley, onde criaturas de muitos mundos e de muitas espécies diferentes reúnem-se para beber.

Ali, você encontra os Aliados que está procurando – o arrogante e intrépido piloto, Han Solo, e seu companheiro, o ser peludo, de dois metros de altura, Whookiee, Chewbacca. A nave deles, a Millennium Falcon, será o veículo que os levará daquele planeta para uma vida muito mais rica.

Em Han Solo você encontra seu oposto. Enquanto você só tem dúvidas, ele só tem certezas. Enquanto você é introvertido e ingênuo, ele é totalmente extrovertido, um cansado viajante que já viu e fez de tudo. Ele é o sol para sua lua, o alegre Sir Gawain para seu melancólico Percival.

Como em todas as jornadas de heróis, o Limiar do Reino do Poder Ampliado é protegido por forças ferozes. Para você, os guardiões do umbral são as tropas enfurecidas de máscaras brancas do Império, que atiram em você e tentam impedir a partida da Falcon.

Você decola, mas logo descobre as naves da Estrela do Império pairando sobre o planeta. Mas não há páreo para a argúcia, selvagem e intrigante, do piloto Han Solo que, apesar das impossibilidades, mantém a atitude alegre e despreocupada de quem "não tem medo de correr riscos". Essa atitude mental, aliada à sua grande habilidade como piloto, confunde e desnorteia as forças impassíveis e intrépidas que protegem o limiar do espaço.

Desarmando e vencendo a guarda, você atravessa por fim o limiar, dando o salto para o espaço sideral, e passa zumbindo por milhões de estrelas, enquanto é arremessado para outra parte da galáxia.

O Guardião do Limiar é um monstro que impede a passagem para a realidade mais ampla que procuramos. Em praticamente todos os mitos, exige-se do herói que ele se mostre mais rápido, mais sábio e mais ardiloso do que o Guardião, para que possa fazer a travessia em segurança.

O Guardião é uma criatura de atitudes e hábitos rígidos. Ele tem uma visão estreita e limitada de seu lugar no mundo e muito pouco pode ser feito para demovê-lo. Ele bloqueia nosso caminho, tornando-nos uma versão estúpida dele próprio, destruindo nosso moral e nossa fibra espiritual ou até mesmo nos engolindo inteiros.

Talvez o Guardião de Limiar mais famoso seja o Cíclope, da *Odisséia* de Homero. Sendo um gigante cruel, ele devora seis dos homens de Ulisses e só é derrotado quando Ulisses usa sua perspicácia para embebedá-lo e arrancar seu único olho com uma lança afiada. Então,

Ulisses e os que sobraram de seus homens escapam agarrando-se aos carneiros do monstro, quando eles saem da caverna para o pasto.

Em nossa própria vida, o Guardião pode ser nosso chefe, nossa igreja, nossos pais, nosso lugar na sociedade ou mesmo nossos hábitos mais arraigados. Na sua forma mais sutil e perniciosa, ele se manifesta como um estado de espírito característico ou como uma qualidade emocional que interfere na nossa consciência, impedindo o acesso ao conhecimento mais amplo de nosso potencial emocional.

Quantas vezes na nossa vida não estivemos sob o domínio do Monstro da Melancolia, do Demônio da Dúvida, do Anjo Negro da Apatia? O Guardião do Limiar nos proporciona a grande pista de provas para o nosso caráter e para o que ainda podemos ser.

Vamos agora derrotar esses guardiões por meio de um exercício muito simples.

Em algum ponto do assoalho, crie um limiar. Você poderá fazê-lo colocando pequenas velas a certa distância umas das outras ou estendendo no chão um cachecol ou pedaço de barbante – ou qualquer outra coisa para marcar a grande divisão entre o aqui e a amplidão do que está la fora.

Agora, escolha alguns representantes daqueles que foram ou são atualmente os principais Guardiões do seu Limiar. Por exemplo, você pode colocar sobre a linha divisória fotografias de pessoas que você acha que o impediram de ser o que queria. O símbolo de uma instituição que restringe seus potenciais e impede seu espírito de voar. Cigarros, chocolates ou outras coisas que simbolizam hábitos ou vícios que o aprisionam.

Entre agora no limiar e aproxime-se de um dos Guardiões da sua passagem. Coloque-se diante do aspecto Han Solo de sua natureza, para que, independentemente da ferocidade que esse Guardião em particular possa ter, você possa manter uma postura jocosa.

Fale com o Guardião de uma maneira petulante e brincalhona. Envolva-o numa conversa engraçada. Confronte-o por meios que jamais usou com ele. Dance, conte piadas e ridicularize-o. Diga-lhe por que você é muito mais interessante do que ele. Diga-lhe que, a despeito de tudo, você irá passar para o outro lado.

Quando perceber que a força do Guardião está enfraquecendo, atravesse o limiar. Depois, volte para confrontar outro Guardião.

Com esse Guardião, você pode precisar usar as mesmas habilidades ou fazer algo inteiramente diferente. Talvez você tenha de derrubá-lo com o olhar. Diga o quanto ele é tolo. Faça um discurso sobre seus próprios potenciais maiores. Transforme-o num Aliado.

Atravesse de volta o limiar e repita o mesmo processo quantas vezes for necessário.

Quando tiver atravessado o limiar, celebre sua passagem de algum modo excêntrico, típico de Han Solo. Dê uma cambalhota. Coloque um letreiro dizendo "Bem feito para você!" Faça uma festa para você mesmo, convidando os Aliados espirituais do seu mundo interior. Ofereça-lhes pratos deliciosos, presentes de agradecimento e dança.

Ao celebrar sua entrada no Reino do Poder Ampliado, tome providências para que ela não passe despercebida pela sua consciência.

Depois de ter atravessado o limiar e entrado no espaço, você, na pele de Luke, é treinado por Obi-Wan Kenobi no uso do sabre de luz contra um alvo autômato. No início, você procura conscientemente desviar pelo pensamento os movimentos dele, mas tem pouco êxito. O alvo simplesmente desvia-se com demasiada rapidez.

Kenobi diz que você só poderá ter êxito se usar a Força, o campo de energia universal que permeia todas as coisas, uma energia viva que liga você à corrente da vida. Quando sentida diretamente, a Força lhe dá acesso a toda uma nova gama de potenciais. Para demonstrar isso, Kenobi abaixa o visor de seu capacete para que você não possa ver o alvo.

No começo, você vacila.

– Como posso lutar sem ver? – você pergunta indignado.

– Seus olhos podem enganá-lo, Luke. Não confie neles. Amplie suas sensações, – Kenobi lhe diz.

Você começa a se sentir profundamente relaxado. Os processos usuais da sua mente estão suspensos. Você está livre, não apenas na sua mente, mas também num campo de existência mais amplo. Tudo é conhecido pelo que é e por onde está, porque tudo é parte de você.

O alvo aproxima-se. Com uma velocidade extraordinária, você pára e desvia o golpe. Você descobre que usou uma capacidade que está além de seus sentidos – poderes que podem estar adormecidos na parte da sua mente que você geralmente não usa. Os potenciais interiores saíram de seu estado de dormência onde estavam ocultos.

No amplo espaço interior da Millennium Falcon, você iniciou a gestação de seus poderes superiores.

Nesse episódio, Luke passa para o estágio da jornada do herói tradicionalmente conhecida como o Ventre da Baleia. É um período de aprendizagem no qual a pessoa se vê engolida ou aprisionada num recinto semelhante ao útero, para repensar seus propósitos e poderes.

Jonas na barriga da baleia; Hiawatha engolido por Mishe-Nahma, o Rei dos Peixes, Chapeuzinho Vermelho na barriga do lobo; Jesus no túmulo do qual ressuscitará; Osíris encerrado num sarcófago e lançado no Nilo – o Ventre da gestação é o lugar onde desenvolvemos capacidades sutis que nos conferem um novo corpo e uma nova mente.

Nesta nossa jornada pela vida, todos nós vivemos no Ventre da Baleia de formas diferentes. Para alguns, ele pode ser um período da vida em que passamos em casa, como na época em que estamos criando filhos pequenos ou cuidando de um familiar idoso ou doente. Para outros, pode ser um período de isolamento, quando nossos familiares ou amigos estão ocupados, preocupados com outras coisas e não estão disponíveis. Pode também manifestar-se como um período de retiro espiritual ou de profundo trabalho psicológico, quando nos concentramos em nossos processos interiores.

Qualquer que seja a forma em que se manifeste, o Ventre da Baleia é um período decisivo, no qual sabemos que ou crescemos ou morremos. Se ignoramos ou evitamos esse tempo de crescimento, entramos num período de depressão ou de indecisão crônica. Se dizemos sim a ele, o tempo no Ventre é aquele em que nos voltamos para nosso interior e tomamos consciência de uma Força interior que liga nossa vida com o Todo Maior.

Livramo-nos de alguns de nossos hábitos e limitações e, até mesmo, nossa excelência costumeira, e nos ajustamos a uma mudança de percepção. Podemos chegar a considerar nossa vida anterior como uma espécie de feto em gestação no útero ou período de preparação até o nascimento para uma nova vida.

Aqui temos um modo literal de praticar essa mudança de percepção. Luke Skywalker precisava mudar sua visão para preparar-se para sentir a Força interior. Você também pode tentar exercitar uma técnica semelhante.

Encontre um lugar seguro em meio à natureza – um jardim ou bosque seria o ideal. Pode também tentar fazê-lo dentro de casa, mas escolha um espaço que contenha plantas ou outros seres da natureza.

Com os olhos fechados ou vendados, circule por esse espaço, aguçando seus sentidos para perceber os objetos e as formas ao seu redor.

No início, você talvez tropece nas coisas. Quando isso acontecer, pare de andar e de pensar. Coloque as mãos com as palmas uma diante da outra separadas por cerca de três centímetros. Sinta o fluxo vital passar entre elas.

Com uma percepção maior de sua Força, continue a andar pelo espaço, aguçando seus sentidos para perceber a vitalidade que existe nos objetos e no espaço entre eles. Procure intuir bordas e limites, parando antes de tropeçar nas coisas.

Sinta-se parte da corrente vital que existe no espaço entre você e a árvore, a rocha ou a planta, entre você e a estante de livros ou a cadeira.

Em seguida, abra os olhos e ande com os olhos abertos pelo mesmo espaço, procurando manter a mesma percepção da Força Vital entre você e os objetos existentes no espaço. Depois volte a fechar os olhos e a andar novamente sem ver. Vá alternando entre andar de olhos abertos e de olhos fechados até conseguir manter a percepção do fluxo das energias vitais.

Em seguida, procure tentar sentir essa Força em sua vida cotidiana. Tome consciência dela enquanto estiver andando de ônibus, jantando com a família ou quando estiver na igreja. Dessa maneira, você poderá chegar a conhecer e sentir o ordinário pelo que ele é – manifestações da vida extraordinária que flui através de todas as coisas.

O cenário agora é a Estrela da Morte, onde a princesa Léia assiste horrorizada a Darth Vader e seu subordinado, o governador Tarkin, destruírem seu planeta natal Alderaan, porque ela recusou-se a revelar a verdadeira localização da base dos rebeldes.

Ao chegarem na região do espaço que um dia foi Alderaan, você e os outros tripulantes da Millennium Falcon encontram-se em meio a uma chuva de detritos, os escombros do planeta devastado.

A nave deles é apreendida por um campo de força que os suga para dentro do que parece ser uma lua, mas que acaba revelando ser uma enorme engrenagem da Estrela da Morte, o centro de operações do Império.

Agora o Caminho das Provas começa para valer. Kenobi os deixa com Han e vai sozinho tentar neutralizar o campo de força para que vocês possam fugir dali. Ligando-se ao computador central, R2 descobre que a princesa Léia está aprisionada no bloco de detenção do Império e que o dia de sua execução está marcado. Arrastando um Solo relutante, vocês vão resgatar a princesa.

Ao contrário das princesas dos contos de fada, Léia é mal-humorada, determinada e petulantemente destemida. Quando as Forças Imperiais são alertadas sobre o resgate, ela conduz Han e você através de um tubo que leva a um triturador de lixo, um lugar apavorante em que vocês são puxados pelos tentáculos de uma criatura gigantesca que vive nas águas turvas do triturador. Quase afogados, vocês saltam para a superfície no último instante, quando as paredes do triturador começam a se fechar. As experiências de quase-morte são sempre abundantes no Caminho das Provas.

Vocês escapam por um triz, quando 3PO consegue fazer com que R2 desligue o triturador. R2 abre o alçapão e vocês estão livres, para, em seguida, constatarem que terão de lutar para abrir caminho entre legiões de tropas enfurecidas. Vocês envolvem-se em façanhas heróicas, inclusive a de atravessar sobre uma corda um grande abismo até um lugar seguro, carregando a princesa nos braços.

Ao se aproximar da nave, vocês são trespassados pelo olhar de Obi-Wan Kenobi que, após ter desligado o campo de força, trava um combate mortal com seu antigo discípulo Darth Vader, cuja arma também é um sabre de luz.

Quando Kenobi percebe que você e seus amigos estão salvos, ele faz uma última advertência a Vader:

– Você não conseguirá vencer, Darth. Acabe comigo, e eu me tornarei mais forte do que você é capaz de imaginar.

Com um sorriso sereno nos lábios, Kenobi ergue seu sabre de luz para saudar o adversário e desincorpora-se, um segundo antes de Vader atravessar com sua arma apenas um manto vazio. Com isso Kenobi penetra conscientemente numa realidade ampliada, de onde é capaz de dar a vocês orientação espiritual.

Essa orientação torna-se extremamente útil na prova final. Depois de terem vencido uma violenta batalha espacial e deixado a princesa e os planos secretos com as forças rebeldes, vocês preparam-se para participar de um ataque das forças rebeldes contra a Estrela da Morte. As chances são quase nulas – as forças do Império em massa, alinhadas contra alguns poucos bravos pilotos. Han Solo decepcionou-os por recusar-se a participar da batalha final.

Parece que não há nenhuma esperança de vitória. Uma por uma, as naves dos rebeldes são abatidas pelas forças onipresentes do Império. Por fim, resta apenas você e sua nave, descendo rapidamente pela vala estreita que o leva a seu pequeno alvo, a única esperança de destruir a Estrela da Morte. Darth Vader persegue-o ferozmente. Sua escolta o despista, mas a nave de Vader tem você na mira.

Você liga a tela do computador de bordo e prepara-se para fazer sua última investida. De repente, ouve uma voz. Não há dúvida de que é a voz de Obi-Wan Kenobi, lhe dizendo:

– Use a Força. Abandone-se, Luke. Confie em mim.

Você desliga a tela do computador, entra no fluxo da Força e manipula instintivamente os controles.

Quando você se aproxima do alvo, Darth Vader mira a sua nave. Parece que você não tem nenhuma chance, mas a salvação vem do céu. É Han Solo, que bombardeia violentamente a nave de Vader e dá a você o tempo de que precisa para acertar o alvo. Agora você está livre para destruir a Estrela da Morte.

– Grande tiro, garoto. Um em um milhão – Solo exclama exultante.

O espaço enche-se de fragmentos, quando a Estrela da Morte explode numa espetacular conflagração do mal.

Por ora, seu Caminho das Provas chegou ao fim.

Na literatura do mundo todo, o Caminho das Provas proporciona ao escritor um espaço amplo para criar provas eletrizantes e façanhas miraculosas. O herói ou a heroína entra em uma região fluida e sem limites que simboliza talvez o pânico que sentimos diante das partes desconhecidas e inexploradas de nós mesmos – seja ela o deserto, a selva, o mar ou o espaço sideral.

A pessoa é lançada a uma série de desafios para os quais foi muito pouco preparada. Mas de alguma forma ela encontra condições físicas, mentais, emocionais e espirituais não apenas para sobreviver, mas também para vencer.

Um dos mais famosos exemplos clássicos desse estágio da jornada é o mito de Psiquê. A sogra ciumenta, Vênus, impõe a Psiquê uma série de tarefas impossíveis. Uma delas exige que Psiquê separe, antes que o dia acabe, uma enorme quantidade de sementes misturadas num monte. Outras exigem que ela consiga fios dourados de lã de carneiros selvagens, um jarro de água de uma fonte que fica no alto de uma montanha guardada por dragões e que desça aos Mundos Subterrâneos para buscar um estojo de beleza imortal.

Para realizar cada uma dessas tarefas, Psiquê recebe a ajuda de algum aspecto de si mesma, representado no mito por uma figura exterior a ela. Um exército de formigas, representando os instintos, ajuda-a a separar as sementes. Um junco verde, representando o inconsciente, diz a ela para pegar à noite os fios de lã deixados nos arbustos pelos carneiros que haviam pastado ali. Uma águia, representando seus poderes espirituais, lhe traz a água da fonte. E uma torre, representando a sabedoria de toda a humanidade, dá-lhe orientações sobre como entrar nos Mundos Subterrâneos e sair dele sã e salva.

Num mundo em que o inesperado está sempre à espreita – doença, divórcio, desemprego, as tensões inevitáveis da vida moderna –, o Caminho das Provas é uma parte inevitável de nossa jornada de vida.

Estando preparados, podemos enfrentar esses desafios como se fossem aventuras, e não como ferimentos de morte. Quando somos capazes de fazer isso, recuperamos a atitude mental do herói diante de situações que podem ser menos dramáticas do que a de Luke Skywalker, mas que não deixam de ser decisivas.

Em muitos mitos, a lição do Caminho de Provas é que você tem forças no interior de si mesmo que o tornarão capaz de enfrentar as provas e responder aos desafios propostos, independentemente da dificuldade que eles impõem. A confiança nessas forças é a chave.

Para usar essas forças, veremos o que podemos aprender das quatro tarefas de Psiquê, uma vez que elas constituem, em termos simbólicos, as quatro principais tarefas da vida. Enfrentar essas provas como atos imaginários pode gerar a energia que lhe possibilitará ser relativamente heróico na vida cotidiana.

O primeiro desafio é Separar as Sementes. Na nossa vida, isso pode ser o mesmo que ordenar os detalhes da nossa vida diária. Pode envolver a listagem das tarefas que você precisa realizar, mas também pode significar a limpeza de sua mesa de trabalho ou de seu armário, equilibrar as finanças, pagar impostos, responder às cartas recebidas ou mesmo estabelecer novas prioridades que lhe proporcionem tempo para refletir calmamente, exercitar-se espiritualmente e divertir-se.

Para esse exercício, escolha a tarefa que lhe parecer necessária. Em sua imaginação, visualize-se realizando de fato essa tarefa. Realize os movimentos necessários para executá-la, como uma espécie de ensaio, para que o padrão seja assimilado pela sua mente.

Depois reserve um tempo para cumprir a tarefa. Considere seu trabalho um exercício heróico – uma aventura no Caminho das Provas – e celebre o sucesso que alcançar.

A segunda tarefa de Psiquê é Colher os Fios de Ouro. Você talvez ache que os Fios de Ouro significam o sucesso obtido em qualquer carreira ou emprego.

Seu propósito nessa tarefa é usar a intuição, o junco verde que o leva a seu inconsciente, para encontrar um meio de transformar seu trabalho naquilo que os budistas chamam de "meio de vida correto" – um meio de ganhar a vida que contribui para a sua evolução espiritual e social e a do mundo.

Considere seu trabalho, seja ele em casa, no escritório ou na escola, como representando os Fios de Ouro. Olhe para ele com distanciamento, como se estivesse na margem oposta de um rio. Olhe para ele à plena luz da consciência, percebendo todas as suas falhas e perigos, bem como suas virtudes e possibilidades.

Agora, ouvindo o junco de sua própria sabedoria intuitiva, volte a olhar para seu trabalho como se estivesse à luz da Lua, quando você consegue enxergar o que é realmente importante nele que você não havia levado em consideração.

Pergunte a si mesmo: Quem se beneficia com o que eu estou fazendo? Como esse serviço pode ser aperfeiçoado ou melhorado? O que eu preciso fazer para que meu trabalho se torne prazeroso em vez de aborrecido?

Anote aquilo que o junco da intuição lhe disser. Talvez você fique sabendo que deveria estabelecer relações pessoais mais profundas com seus colegas de trabalho ou oferecer ajuda e apoio emocional aos novos empregados. Talvez você veja novas possibilidades de projetos, novos meios de servir a comunidade, novos modos de fazer com que seu trabalho reflita seus valores.

Faça um esforço consciente e heróico para colocar em prática as sugestões que receber.

A terceira tarefa de Psiquê é ir buscar as Águas da Vida. Poderíamos considerar as Águas da Vida como simbolizando uma dose maior de vitalidade e energia para todas as tarefas que temos de realizar. Como um número cada vez maior de pessoas está começando a perceber, as tradições espirituais do mundo – como a águia de Psiquê – ensinam muitos métodos para se ter acesso às energias vitais do complexo mente-corpo. Um dos mais eficazes é o da visualização e respiração concentrada.

Para começar, concentre-se na base da coluna e sinta-se inalando profundamente desde esse ponto; sinta o ar percorrendo toda a coluna e chegando ao topo de sua cabeça. Quando chegar ao topo da cabeça, continue inspirando, imaginando que acima dela há um reservatório da terapêutica Água da Vida. Apreenda essas águas com sua respiração.

Agora, ao exalar, sinta que está levando a Água da Vida até a frente de seu corpo, deixando que ela banhe e inunde cada nervo e tendão, cada canto e cavidade, cada célula e cada órgão do seu corpo, restaurando e revitalizando o seu espírito vital.

Repita o mesmo processo, respirando de novo e levando o ar por toda a coluna até chegar à Água da Vida. Exale descendo até a frente do corpo, levando a água para dentro dele, o veículo que transporta sua alma e seu espírito nesta vida.

Continue fazendo essa prática de concentração por cerca de dez minutos, consciente da subida do ar, da apreensão da Água da Vida e de sua absorção no complexo mente-corpo a cada expiração.

Não faça isso automaticamente. A concentração consciente é tudo.

Depois de dez minutos, erga-se e dê uma volta, percebendo o quanto está se sentindo revitalizado.

A quarta tarefa de Psiquê é a descida aos Mundos Subterrâneos. Para nós, esses mundos podem representar o tempo de profunda introspecção de que precisamos para realizar nosso trabalho psicológico e espiritual como seres humanos.

No mito de Psiquê, a Torre, que representa a sabedoria coletiva da cultura e da civilização, adverte-a para refrear sua constante disponibilidade para os outros. Na nossa vida, podemos ter de praticar dizer "não" às solicitações dos outros para dar a nós mesmos tempo e espaço para realizar nosso trabalho interior – descermos aos nossos Mundos Subterrâneos e recuperar nossos tesouros.

Essa parte do Caminho das Provas é um dos desafios mais difíceis que enfrentamos. Quando colocamos nossas energias em tarefas e problemas externos, temos pouco tempo para mergulhar profundamente e provocar ondas nos mundos interiores da psique e do espírito.

Uma maneira de realizar essa tarefa é assinar um contrato consigo mesmo. Pegue uma linda folha de papel e escreva um contrato com objetividade. Ele pode ser, por exemplo:

"Eu (nome) prometo solenemente a meu Eu Superior passar (espaço em branco) minutos por dia vivendo num nível mais profundo do que o do mundo de minha consciência diária, para ali dar-me tempo e lugar para praticar e cultivar minha beleza mais profunda."

Na pele do herói Luke, você sabe agora que seu Grande Pai, Obi-Wan Kenobi, estará sempre com você. Só falta você descer à parte mais profunda do plano mitológico onde vai encontrar a Deusa, ou a consorte divina, e receber a bênção, o discernimento ou reconhecimento necessário para poder trazer ao mundo o que aprendeu.

Em Guerra nas Estrelas, *o reconhecimento lhe vem de forma gloriosa. Entre as árvores verdes de um planeta florescente, você, Han e Chewie entram no centro espiritual da Aliança Rebelde. As paredes de pedra estão cobertas de exuberantes videiras, sugerindo que vocês penetraram no mundo da natureza que redimirá a cinzenta terra devastada do Império, pois não tenha dúvida de que suas aventuras continuarão.*

Ali, entretanto, há uma pausa. Com orgulho e esplendor, você segue em frente, passando pelos aplausos dos cidadãos da Aliança para ir ao encontro da Deusa na forma da princesa Léia em todo o seu esplendor. Atrás dela há uma majestosa catedral em estilo art déco, *toda iluminada.*

Ela coloca em volta do seu pescoço e do daqueles que o acompanham uma grande dádiva, medalhões de honra. Ao olhar para ela, você sabe que encontrou sua consorte divina. Na verdade, como você descobrirá, ela é sua irmã gêmea. Por sua vez, Han Solo pisca para ela e você intui que um dia eles serão parceiros terrenos.

Mas por ora, nesse momento numinoso, você alcançou seu próprio ser, um ser muito maior do que o menino que era quando iniciou essa jornada. Todo mundo reconhece isso e, mais importante, você o reconhece.

No final, você e seus amigos voltarão a travar outras batalhas. Você receberá um treinamento avançado do grande mestre Jedi, o mestre duende Yoda, encontrará novos Aliados e até mesmo devolverá a luz do bem a seu pai humano, Darth Vader.

Por trazer a luz ao que tinha sido trevas, você se tornará Mestre dos Dois Mundos – o mundo mítico da Força e o mundo ordinário do espaço e do tempo. Você será uma força para a Força, retornando a antiga sabedoria para os tempos de antanho e futuros de há muito, muito tempo numa galáxia muito, muito distante.

É hora de celebrar. A jornada foi iniciada, os obstáculos foram removidos, seu conhecimento e disposição para servir trouxeram-no ao Templo do Coração, o lugar que dará origem ao florescimento de seu mundo.

Mas antes você terá de reconhecer e ser reconhecido pelo ser que é conhecido como o Amado ou o Consorte Espiritual. Esse ser glorioso é a sua outra metade, que vive no mundo das profundezas, a Divindade da qual você está agora apto e disposto a receber a dádiva do pleno reconhecimento.

Ao ser reconhecido por quem é e pelo que é, você será capaz de conhecer os outros e reconhecer neles a Divindade.

Com a Força fluindo intensamente no seu interior, sinta a Divindade no Outro. Saia para a rua à noite ou pela madrugada, quando Vênus brilha intensamente no céu e, fazendo desse planeta o símbolo do Amado, expresse palavras como as seguintes:

"A partir deste momento estarei sempre com você. A partir deste momento, serei seu consorte no plano humano. A partir deste momento, trarei você, meu Amado, e seu modo de ser para a temporalidade. Sei que você acenderá o fogo em minha mente e me banhará no amor que vai além da capacidade de entendimento. Assim como foi no princípio, é agora e será para sempre, amor e vida sem fim."

Como você recebeu muito, tem agora dons para compartilhar. Talvez você deva dar uma festa para os amigos a quem deseja agradecer e reconhecer. Nesta festa, reconheça publicamente cada convidado, falando a cada um com a sabedoria profunda vinda do coração a respeito de seus verdadeiros valores e qualidades. Não se concentre nos aspectos negativos, mas antes reconheça o desenvolvimento e a singularidade da jornada espiritual de cada um deles.

Como o Mágico no final da história de Oz, dê a cada pessoa um pequeno presente que, de alguma maneira, simboliza quão profundamente você os vê e os reconhece.

Por exemplo, para alguém que superou alguma doença, você poderia dar um vale para uma massagem ou ingresso a uma estação de cura. Para outro, que comprou uma casa nova, dê uma casa em miniatura, que é abençoada por todos os presentes. Para alguém que iniciou uma nova relação amorosa, dê um cachecol de tricô que simbolize o compromisso assumido. E para quem está começando de novo, dê um bloco de argila, simbolizando a liberdade para moldar uma nova vida. Providencie para que haja música e boa comida em abundância.

O Amigo pede a você que se vire agora e olhe para onde você esteve quando era Luke. Você atravessou os perigos da passagem da adolescência para a idade adulta. Você assumiu seus poderes e tornou-se, como seu pai, um verdadeiro cavaleiro Jedi. Você enfrentou os enormes obstáculos do Caminho das Provas e fez pleno uso de sua inteligência; abriu inteiramente seu coração para a amizade, a compaixão e a coragem que resultam dos atos de assumir riscos e enfrentar desafios.

Você aprendeu também sobre a força do espírito comunitário e sobre como o menor grupo compromissado consegue quase qualquer coisa. "Nunca duvide", disse a mestra Jedi, Margaret Mead, "que um pequeno grupo de cidadãos que se compromete conscientemente possa mudar o mundo. Na verdade, essa é a única coisa que sempre mudou o mundo."

Finalmente, você aprendeu sobre a Força, o potencial sagrado que existe no interior de cada um de nós.

Você retornou como um ser mítico e, como Luke, você tem agora a oportunidade de cultivar a terra devastada de seu próprio império particular com os conhecimentos recém-adquiridos.

Agora você está pronto para deixar o Mundo dos Mitos e o faz atravessando a porta esculpida com muitos símbolos e mitos.

Subindo e contornando rapidamente o interior da montanha, você lança um olhar para a porta espelhada do Mundo da Psique. Que interessante! Você vê refletidos neles os dróides, Han e Chewie, Léia e até mesmo seu pai, já curado, Yoda e Obi-Wan Kenobi, inundados por uma luz azul tremeluzente. Eles acenam para você e você acena para eles em sinal de despedida.

Então, continuando a subir, você passa pela porta suntuosa que leva ao Mundo dos Sentidos. Uma mão estende-se para oferecer-lhe uma deliciosa maçã madura, símbolo da sabedoria que você acabou de adquirir.

Finalmente, alcançando o topo, você salta para fora da montanha e começa a descê-la, fazendo o reconhecimento dos novos poderes e dons de que se apropriou em sua jornada heróica.

Que a Força esteja sempre com você!

A Busca Espiritual

Se eu quiser conhecer Deus diretamente, tenho de me tornar inteiramente Deus, e Deus tornar-se eu, para que esse Deus e esse eu se tornem um só.

– Meister Eckhart

Viajando pelo mundo como eu viajo, acabo encontrando todo tipo de pessoa. E quase todas que encontro parecem estar numa busca espiritual ou sentindo uma necessidade cada vez maior de empreendê-la. Os cães de caça do espírito estão em seus calcanhares, incitando-as a despertar para seus potenciais espirituais.

O problema com quase todas as pessoas é que elas tentam de tudo. Meros atos de criatividade ou inventividade não fazem palpitar a aventura espiritual.

As pessoas fazem meditação, jejuam ou oram para se ligarem com o Divino. Fazem promessas bizarras, tais como abster-se de sexo, de calorias ou de conforto. Enlouquecem ou tornam-se maníacas e fanáticas, forçam a mente a acalmar-se e esvaziar-se de pensamentos, esperando com isso fazer com que Deus preencha esse vazio.

Andam sobre brasas, sentam-se na neve, contam seus movimentos respiratórios, rodopiam para chegar ao êxtase, fazem peregrinações a lugares onde considera-se que Deus ou Suas encarnações locais colocaram seus pés. Professam religiões as mais diferentes possíveis daquelas nas quais foram educadas, participam de orgias espirituais, sacrificam o corpo em posturas desconfortáveis, mudam de nome, etc.

Na sua maioria, elas gritam para Deus, suplicando ao Altíssimo que se revele finalmente na vida delas.

Não estou criticando essas práticas; eu mesma tentei todas elas. E não ria – você também tentou, embora talvez de outras formas.

Há muitos sinais que indicam que você está na busca espiritual, mesmo que não a chame por esse nome:

Você se pergunta a cada vez que passa por uma livraria se a verdade não estaria hoje nas suas prateleiras?

Quantos livros você comprou este ano com a palavra "espírito" ou "alma" no título?

Você sempre participa de seminários ou retiros espirituais?

Sua casa está cheia de imagens de anjos – cartas, estátuas, livros, velas?

Você se trata com acupuntura, massagem, tem um armário cheio de suplementos vitamínicos?

Quando você se resfria, toma vitaminas e chá de espinheira em vez dos antibióticos comuns?

Você freqüenta lojas de produtos naturais?

Você já pensou em tentar adotar uma dieta vegetariana?

Você abandonou o jogo de tênis e inscreveu-se num curso de ioga ou tai chi?

Costuma navegar pela Internet?

Costuma esconder o que está lendo quando seus familiares entram no quarto, mesmo que não tenha nada que ver com sexo?

Você se separou de sua mulher ou de seu marido porque ela ou ele simplesmente não estava na mesma sintonia que você?

Seus filhos acham que você é estranho?

Seus CDs preferidos são de cânticos gregorianos, tambores e harpas célticas?

Você é fissurado em programas de televisão sobre heróis mitológicos, seres extraterrestres, vida após a morte e parapsicologia?

Você às vezes é tomado por uma alegria incontrolável?

Você está lendo este livro?

Se você respondeu sim a qualquer uma das perguntas acima, é provável que tenha sido fisgado! E pode muito bem ter sido esse o caso, pois a complexidade dos tempos atuais parece exigir um aprofundamento de nossa natureza se quisermos sobreviver. E o aprofundamento exige exploração. E por todos esses caminhos tortos, a exploração acaba levando à fonte espiritual de nossa existência.

Desde os tempos de Platão, de Buda e de Confúcio, há cerca de 2.500 anos, não tem ocorrido uma aspiração espiritual tão grande. Hoje, como naquela época, a explosão da espiritualidade está ocorrendo em muitos continentes e assumindo formas variadas.

Embora hoje a variedade de experiências religiosas possa parecer grande, todas têm a mesma crença essencial em comum. Concluo muitas vezes meus seminários prolongados com uma brincadeira que demonstra esse aspecto em comum. Ela é denominada "Você é o Deus Oculto?"

Peço a todos os presentes que fechem os olhos e andem ao redor da sala até tropeçar em alguém. Então eles perguntam à pessoa em que tropeçaram: "Você é o Deus Oculto?"

A outra pessoa então responde com a mesma pergunta: "Você é o Deus Oculto?"

Os participantes da brincadeira continuam por vários minutos fazendo a mesma pergunta e obtendo a mesma resposta.

Mas uma pessoa, que eu elejo depois que todos fecharam os olhos, colocando a mão firmemente sobre a cabeça dela, *é* "o Deus Oculto".

Quando alguém tropeça nessa pessoa e pergunta "Você é o Deus Oculto?", ela permanece em silêncio. Com esse silêncio, a pessoa que fez a pergunta é "divinizada" e também permanece em silêncio.

Em pouco tempo, todo o grupo fica em silêncio absoluto. Assisti a quinhentas pessoas passarem da algazarra para o silêncio absoluto em menos de um minuto – essa é a rapidez do processo de "divinização".

Quando o silêncio tiver se aprofundado, eu digo: "Agora, abram os olhos e olhem para todos os deuses que não estão mais ocultos."

Todos abrem os olhos ao mesmo tempo na sala. As pessoas olham-se umas às outras. Primeiro, há um silêncio total, depois um suspiro de espanto e perplexidade. O reconhecimento toma conta da sala. Os olhos brilham. Começam as risadas. As pessoas abraçam-se. Por alguns instantes, elas deixam cair a venda dos olhos e vêem a verdade umas nas outras.

Essa brincadeira simples, porém significativa – uma brincadeira divina, se você quiser – encontra-se na base de todas as tradições espirituais – judaísmo, islamismo, cristianismo, budismo, hinduísmo, bem como das crenças dos povos indígenas.

Embora expressada em termos diferentes, a tradição diz que cada ser humano contém uma semente divina, uma essência divina que pode ser cultivada pela prática espiritual e tornar-se uma expressão totalmente madura do conteúdo divino inerente.

As práticas recomendadas para cultivar essa semente divina variam de cultura para cultura e de pessoa para pessoa – ioga, meditação, oração contemplativa, atenção, bem como as várias explorações mencionadas acima para se chegar a Deus.

Mas todos os caminhos parecem estar de acordo quanto ao fato de que, além das práticas fundamentadas no trabalho interior, o crescimento espiritual exige também pequenos gestos de compaixão e auxílio baseados no reconhecimento da presença divina em todos os seres e no desejo de servir a Deus em outra pessoa.

Uma famosa pintura budista do céu e do inferno mostra por que é importante servir aos outros. No inferno, as pessoas participam de um banquete com pratos deliciosos, mas usam talheres com cabos tão longos que não conseguem levar a comida à boca. No céu, as pessoas participam de um banquete semelhante, mas usam talheres de cabos longos com os quais dão de comer umas às outras.

No entanto, a crença numa essência divina como realidade básica não se limita exclusivamente às tradições religiosas. Os cientistas espiritualistas explicam a realidade em termos que não divergem muito dos usados pelos místicos.

Enquanto os místicos falam de passos no caminho rumo à união com o Infinito, esses cientistas se referem a freqüências de onda da consciência, que estão mais próximas ou mais distantes do Ser Universal.

Os cientistas teóricos usam com freqüência a metáfora do holograma para explicar o lugar da humanidade na Mente Universal. Cada parte do holograma contém uma imagem do todo. Fragmente a imagem de um holograma, perpasse qualquer uma de suas partes com uma espécie de raio *laser* e você terá a imagem inteira de volta.

Em termos espirituais, poderíamos nos ver como fragmentos do grande holograma da Realidade. Transpassado pela luz da consciência, cada um de nós reflete o todo – a estrela-do-mar, a sequóia ou uma cabra-montesa que salta nos Pirineus.

Aquela carta que você nunca escreveu para sua avó e uma bola de barbante rolando na cabine de um barco em Bangcoc.

Outras galáxias e a criança que agora está descobrindo que sabe ler.

Cavalos correndo numa praia das Arábias e a piada que você ouviu outra noite.

A seiva voltando a fluir nas árvores depois do inverno e a vontade de Deus com respeito a cada um de nós...

Está tudo muito bem, tudo perfeito – você pode estar dizendo a essa altura, mas o que tudo isso tem que ver comigo? Nunca na minha vida refleti sobre o todo, muito menos sobre cavalos correndo numa praia das Arábias! Só quero saber quem e o que sou realmente, isso é tudo.

Esse anseio por conhecer nossa verdadeira natureza é universal. Somos todos um pouco como o estudante de filosofia que entra na sala do professor. Ele tem as pálpebras vermelhas de cansaço, o semblante carregado. Tremendo de aflição, ele aborda o mentor de cabelos brancos:

– Por favor, senhor, tenho uma questão que está me deixando louco. Preciso saber! Senhor, eu existo?

O professor volta-se para ele com um olhar paralisante e responde: – Quem quer saber?

Lembremos que São Francisco referiu-se a esse problema de maneira parecida quando descreveu o objetivo da busca espiritual: "O que estamos procurando é aquele que está procurando."

Descobrir quem está procurando é, em última análise, tudo o que a vida é. Se podemos acreditar no que dizem os místicos, a própria resposta é um enigma que aponta para a Resposta Infinita. O autor místico medieval Meister Eckhart faz Deus falar conosco dizendo: "Tornei-me humano por ti. Se tu não te tornas Deus por mim, você é injusto comigo."

Para ajudar-nos a superar a grande divisão na consciência entre o ser divino e nosso eu local limitado, procure imaginar por um tempo como seria viver a realidade a partir do ponto de vista divino.

O que perceberíamos se pudéssemos, num toque de mágica, mudar de perspectiva e sermos o TUDO percebendo nós mesmos, em vez do contrário?

Ficaríamos conscientes de que nossa mente local não passa de um olhar da consciência universal dirigido para ela?

Saberíamos com certeza que a base subjacente de nosso eu humano finito é o Ser divino infinito, o Grande QUEM que borbulha num recanto fascinante do espaço e do tempo, da mente e do corpo, chamado Roberto ou Margaret, Jean ou Frank?

As crianças bem pequenas parecem conhecer esse segredo à sua própria maneira:

– De onde você veio, meu querido?

– De todos os lugares para cá.

Como as crianças, os buscadores espirituais através dos séculos sempre suspeitaram que a Individuação é algo que o Infinito faz para se divertir. Subjacente ao ser humano finito – eles ensinaram por diferentes métodos – há uma Consciência infinita, um Grande Alguém, percebendo-se através da mente e do corpo daquele borbulhar do Ser no espaço e no tempo chamado Você!

E, o que é mais importante, a Divindade interior é um direito natural que vem com o ser humano. "Mais perto do que a respiração, mais próximo do que as mãos e os pés", dizem as escrituras a respeito da presença do divino em nossa vida.

Se pudéssemos saber disso com certeza apenas por um minuto, deixar que nossas barreiras se dissolvessem, livrar-nos da venda que cobre nossos olhos, seria como despertar de um sonho.

Haveria uma transparência e uma vitalidade intensas em tudo – nas pessoas, nas árvores, nas pedras, nos aviões e no nosso próprio corpo.

Todas essas coisas pareceriam relacionadas umas com as outras de maneira tão perfeita que saberíamos que estamos na presença de uma obra-prima.

Apreciaríamos intensamente o caráter ordinário das coisas – as sardas de uma criança, o ato de lavar a louça, o barulho do leite sendo despejado num copo.

Quando estudei ou falei com as pessoas que tiveram essa experiência, elas me falaram de uma alegria que vai além do entendimento, de uma enorme explosão criativa, de um súbito ímpeto de bondade e tolerância que as transformou em guerreiros fervorosos pela melhoria de tudo, em construtores de pontes, em ímãs para soluções de problemas, em pacificadores e descobridores de novos caminhos.

E, melhor que tudo, as pessoas à sua volta se sentem enriquecidas e apoiadas. Todos os que são tocados por elas tornam-se mais, porque elas próprias são mais.

Como podemos gerar esse milagre no interior de nós mesmos? Como podemos realizar nosso direito natural à presença espiritual? O que nos impede de ter o conhecimento místico?

Vamos falar sobre a catarata. Recentemente, tive uma catarata removida de meu olho esquerdo – minha primeira e única cirurgia. Passar da condição de ver muito mal, como se fosse através de um vidro embaciado, para a de enxergar muito nitidamente, fez-me pensar na catarata que obscurece totalmente a visão humana.

O poeta diz que nosso nascimento não passa de um esquecimento do céu, que é a nossa morada. Depois de ter visto os sorrisos seráficos no rosto dos bebês, eu acho que o esquecimento deles não foi total.

No entanto, à medida que crescemos, também se desenvolvem nossas cataratas. A escola, os semelhantes, a sociedade, aos poucos parecem tornar mais espessas as lentes luminosas que cada um de nós tem em si para o conhecimento centrado em Deus.

As patologias se desenvolvem com base nessas lentes espessas – ilusões mentais e emocionais, decepções com a vida, neuroses inevitáveis da vida adulta. À medida que a idade avança, perdemos cada vez mais a consciência do apetite do Ser Infinito pelo maravilhamento e encantamento.

Mesmo assim, ainda conseguimos recordar. Foi esse o motivo que o levou a ler este livro – um esforço para lembrar. Você foi longe no trabalho com as dimensões do ser, aprendendo técnicas que podem dissolver as cataratas que obscurecem as nossas lembranças.

No Mundo dos Sentidos, você abriu novas portas para a percepção. Na Esfera da Psique, você descobriu parceiros espirituais que são capazes de conectá-lo com uma criatividade maior e com o domínio de habilidades. No Reino dos Mitos e Símbolos, você procurou ter uma visão mais clara de sua vida, através das aventuras transformadoras da jornada do herói.

Cada um desses planos ajudou-o a desfazer-se dos hábitos da consciência que mantêm as cataratas do cérebro. Continuando a trabalhar nesses níveis, você perderá essas cataratas.

Mas agora chegamos ao último limiar. Nosso desafio agora é aprender a viver de maneira a evitar que se formem outras cataratas e voltar ao que realmente somos.

Para a experiência riquíssima que está por vir, providencie uma planta ou vaso de flores, um aparelho de som para tocar uma música para dançar, de preferência com tambores e fortes batidas de percussão. Tenha também à mão material necessário para desenhar ou pintar.

De maneira que ei-lo outra vez ao pé da montanha, pronto para iniciar sua última jornada. Dessa vez, o Amigo, seu Eu Essencial, já está com você, pois ele conhece o Caminho de um jeito que você e eu não conhecemos.

Você começa a subir a trilha espiralada, percebendo muitos detalhes que lhe passaram despercebidos nas outras vezes. A água que corre no regato e contorna a rocha. A minhoca no caminho, que você coloca ao lado da trilha. A casca azul do ovo de um pássaro recém-nascido.

Parece que é primavera e, como a floresta abre espaço para as plantas crescerem, uma explosão de flores silvestres surge à sua volta. Por fim, você chega ao topo, remove a placa de pedra e penetra na montanha. De uma longa distância abaixo chega o barulho de água corrente.

Você desce rapidamente o caminho espiralado no interior da montanha. Passando pela entrada para o mundo dos sentidos, você percebe no seu interior uma fonte jorrando água fresca e cristalina. Você bebe dela e sente-se estranhamente energizado, como se estivesse despertando de um longo sono.

Descendo pelo caminho espiralado, você chega à porta espelhada que dá para o mundo da psique. Agora ela reflete apenas sua face e seu corpo como eles são. De alguma maneira, essa imagem lhe dá uma grande satisfação.

Continuando a descida, você chega à entrada para a esfera dos mitos. Dessa vez, a porta de madeira é perfeitamente lisa, sem símbolos entalhados. Sua superfície lisa está esperando pela impressão dos caracteres de uma nova história – a sua história.

Agora o caminho torna-se muito mais íngreme; o barulho de uma cachoeira vai ficando ainda mais alto. Por fim, você chega a ela, um reluzente lençol de água, a entrada para o Mundo do Espírito.

Quando você e seu Amigo passam por baixo das quedas, você fica todo molhado e sente isso como uma purificação de todo o seu ser. Parece que os arrependimentos e mágoas de sua vida são todos levados de seu corpo pela água e sua mente fica tão clara e luminosa como o céu no alvorecer.

Diante de você há uma enorme forma radiante que parece ser uma Rosa. De onde você está, pode ver suas pétalas internas, bem como as mais próximas da superfície. Em algumas tradições, essa flor é conhecida como a Rosa Branca do Firmamento. Em outras, a Rosa da União com o Divino.

– O que é essa Rosa enorme? – você pergunta ao Amigo. – O que ela significa?

– A Rosa – o Amigo responde – sempre foi o símbolo da beleza e da vida, do amor e da alegria... todas as qualidades da comunhão e da união com o Amor Divino. Mas lembre-se de que, apesar de toda a sua beleza, toda rosa é cercada de espinhos. A jornada até se alcançar uma consciência maior é quase sempre árdua, dolorosa e repleta de provações.

"Mas assim que você passa para o estado em que deixa de ser cego com relação a Deus, você encontra a Rosa, a imagem do Amor que mantém unidas as folhas dispersas de sua vida com a vida do universo."

Agora eleva-se no ar a fragrância da Rosa, tão doce, tão permeada da essência de tudo que lhe importa, que o faz aproximar-se mais.

Acompanhado pelo Amigo, você desliza por uma abertura entre as pétalas. Entre as camadas de pétalas, um caminho serpenteia flor adentro, seguindo o formato espiralado da Rosa.

As pétalas suaves erguem-se brancas, luminosas e cheias de vitalidade ao seu redor. Feliz por encontrar-se dentro da Rosa, você vê-se despertando cada vez mais a cada passo que dá.

Você ouve o som de muitas vozes cantando em coro, tão lindas que você se pergunta se não é um coro de anjos. Se pudesse, você ficaria ali para sempre, ouvindo-as.

Mas seu Amigo o insta a prosseguir:

– Siga-me, que vou apresentá-lo a alguns Amigos meus.

O Amigo segue em frente, explicando que o caminho leva a lugares de aprendizado e reflexão. Cada um deles é presidido por um grande mestre que representa uma das várias experiências espirituais. Cada um deles é capaz de transmitir uma perspectiva única da vida do Espírito no tempo.

À medida que segue o caminho interior espiralado, você fica perplexo diante das possibilidades de vida espiritual. Você reconhece imediatamente alguns dos mestres e nota que alguns de seus amigos já estão estudando com eles.

Ali estão Buda e São Francisco de Assis, Santa Teresa d'Ávila e Julian de Norwich. Estão Moisés e Isaías, Maimônides, Mahavira e Confúcio. Também Jesus e sua mãe Maria, Maomé, William Blake, Sojourner Truth e Dag Hammarskjöld. Estão ali o grande sábio hindu Ramakrishna e Madame Blavatsky, e, também, uma mulher sábia africana, famosa no seu tempo por seus dons de cura.

Mas os nomes de muitos mestres que você vê lhe são desconhecidos, embora você perceba que eles representam todas as raças e todas as épocas. Alguns parecem pertencer aos povos indígenas americanos, aos aborígines australianos e povos do Pacífico Sul, bem como a todos os povos da África e da América do Sul. Todos estão profundamente interessados, alguns muito contentes por transmitir seus conhecimentos a seus discípulos.

O Amigo o leva agora a um jardim resplandecente no interior da pétala da Rosa. Ele é cheio de flores, árvores e plantas de todas as espécies. No centro, há uma fonte que jorra uma água tão cintilantemente transparente que parece ser a própria água da vida.

O jardim, explica o Amigo, é um símbolo universal da vida espiritual. No jardim interior, vicejam a sabedoria e o entendimento como frutos e flores do espírito da pessoa.

Há alguém no jardim – uma mulher trajando um hábito de monja medieval. Ela inclina-se sobre uma das plantas, examinando-a de perto. Você pode ouvi-la cantando em voz alta e clara:

Eu sou a brisa que alimenta todas as plantas.
Faço com que as flores se transformem em frutos maduros.
Sou a chuva que vem do orvalho que faz a grama
sorrir com a alegria de viver...

A mulher nota a sua presença e fala, com a mesma voz que canta:

– Ó, seja bem-vindo! Você trouxe consigo o seu Amigo. Por favor, venham aqui, ambos. Quero mostrar-lhes a simplicidade da vida.

Enquanto você se aproxima dela, o Amigo explica que ela é a mística, cientista, filósofa, poeta, profeta, pintora, música, botânica e amante da natureza, conhecida atualmente como Hildegard von Bingen. No século XII, ela era abadessa de um convento na Bavária.

A Madre Hildegard estende-lhe uma folha.

– Esta folha pode curar dores de cabeça – ela lhe diz –, mas veja como ela também reflete o milagre divino. Aqui nos veios aparentes da folha encontra-se a própria marca de Deus. Uma folha é um mundo em miniatura, uma Árvore de Toda Vida.

"Exatamente como a folha é nutrida pela força vital, todas as outras coisas são nutridas por ela em seus próprios padrões. Árvores, plantas e minerais e, até mesmo, os minerais são mantidos por correntes de energia como as que alimentam as folhas.

"Mas Deus também criou padrões que ligam as formas de vida umas às outras. Deus fez as coisas de maneira que cada parte da criação estivesse relacionada com todas as demais."

– Posso entender como tudo na natureza está interligado – você responde – mas, como ser humano, sinto-me muitas vezes separado de tudo isso.

A Madre Hildegard balança a cabeça com tristeza. Subitamente, seu rosto ilumina-se e ela diz:

– Deixe-me então convidá-lo a sentir o que eu sinto, a conhecer o que eu conheço. Eu tive sorte. Vivi no luxuriante Vale do Reno, onde podia-se ver em todas as partes a força vegetal do mundo e do espírito. Talvez eu possa demonstrar-lhe o que eu quero dizer. Por favor, deixe-me segurar sua mão por um minuto!

Ela pega sua mão e você sente a palma forte e áspera de alguém que passou anos trabalhando em hortas e jardins.

Em um instante, você começa a sentir outro tipo de energia – uma energia espiritual – atravessando-o. É a energia de alguém que concordou em ser os olhos de Deus, os sentidos de Deus e em estar a serviço de Deus no mundo. As cataratas que obscurecem a visão dissipam-se e você vê o jardim da Madre Hildegard como ela o vê – novo, intocado e recém-criado.

Madre Hildegard fala e você segue suas sugestões.

– Filho, você sabia que somos todos galhos vivos do próprio corpo de Deus? Sinta agora a força da renovação percorrendo-o, como a vida ressurgindo a cada primavera.

– Para participar da criação de Deus, temos de nos tornar um pomar florescente. Mas para florescermos, precisamos antes conhecer nosso potencial criativo inato. Somos partes da criação. O próprio cosmos está contido na nossa forma humana. Seja essa criação agora. Sim, seja essa criação.

"Estenda a mão por sobre o jardim e diga comigo: – Sou o fogo ardente da sabedoria divina. Eu desperto a beleza das planícies. Eu faço borbulhar as águas. Eu ardo no Sol, na Lua e nas estrelas. Sou o vento que sopra. O ar suave e úmido, o exuberante verdejar das árvores e pastos. Eu adorno a natureza. Agora, toda a criação é invocada, vivificada e despertada pela melodia que ressoa de minhas palavras.

"Pronuncie a palavra, agora."

– Faça-se!

A ordem FAÇA-SE ressoa pelo jardim, ecoando e reverberando como a batida de um coração humano.

– Isso, Filho, é o saber de Deus – diz suavemente Madre Hildegard.

– Agora, quanto ao saber humano – ela prossegue –, vamos precisar de tempo para examinar esta folha mais de perto.

Inspirado pelas palavras de Hildegard, olhe agora para a planta ou flor que tem na mão. Examine-a de todas as perspectivas. Toque suavemente sua superfície e sinta seu poder natural. Sinta como ela ama a Terra e ergue-se para adorar o Sol.

Pegue seu material e desenhe ou pinte agora a planta ou a flor – não apenas sua forma, mas também sua força vital. Se escrever for seu meio de expressão, descreva-a em palavras, escrevendo como se você fosse, talvez, a própria flor. Enquanto trabalha, imagine que a planta ou a flor está comunicando-se com você, ajudando-o a expressar sua essência da melhor maneira possível. Sinta-a pintando-se ou descrevendo-se a si mesma por intermédio de você.

Quando tiver terminado, Madre Hildegard volta a falar.

– Toda vez, Filho, que você parar para olhar de perto a natureza, abençoe-a. Lembre-se de que todo poder de criar e germinar está dentro de você, porque você vem de Deus e da Terra. A Terra é a Mãe de tudo o que é natural, de tudo o que é humano. Esteja sempre cheio de seiva. Seja sempre da Terra. Seja natural... e, acima de tudo, ria muito e seja bem-humorado.

Agradecendo à Madre Hildegard, você segue em frente com o Amigo, prosseguindo no caminho espiralado e aprofundando-se no interior da Rosa.

Ao longe, você ouve batidas de tambor, que vão ficando cada vez mais fortes à medida que você mergulha no interior da flor. Logo você chega ao lugar de onde elas provêm; um xamã e mestre espiritual africano está sentado numa clareira da floresta, batendo num ritmo portentoso um imenso tambor tribal.

Ele é um homem grande, que veste um flutuante cafetã de listas multicoloridas e um gorro combinando.

– Ele não parece "frio"? – seu Amigo lhe pergunta enquanto você olha maravilhado, seu corpo começando a pulsar seguindo suas batidas.

Diante de sua expressão intrigada pela palavra "frio", o Amigo explica que entre os povos da África Ocidental a palavra *frio* é usada para se referir àquele toque de sofisticação criativa ou espiritual que dá graça a uma pessoa sob pressão, uma pessoa de linhagem real, brilho artístico e caráter nobre. É óbvio que esse homem é um artista apaixonado e tem uma consciência apaixonada.

O tambor com suas batidas é o seu meio de transmitir ensinamentos espirituais. De todos os instrumentos musicais, o tambor é o que mais suscita idéias místicas. Sua batida é o diálogo entre a matéria e o Espírito, a consciência humana e o ritmo do mundo da natureza. A batida anuncia um lampejo do Espírito, o transbordamento da imensidão da voz divina chamando o espírito humano a seu grande devir.

Na África e em outras culturas xamanistas, o Amigo explica, o tambor é o instrumento de arrebatamento e comunhão. O tambor nos permite "ir para o sul" na nossa psique, dissolver as categorias confortáveis que nos mantêm afastados do poder assustador do Espírito. Quando a pele do tambor do eu vibra e pulsa, a grande distância que existe entre o "eu" e o "não-eu" é dissolvida e o mundo humano e o mundo do Espírito se encontram numa torrente numinosa de "frio" êxtase.

O xamã o chama, a voz ecoando a cadência do tambor.

– Venha. Dance. Deixe que o ritmo penetre na sua mente. No seu corpo. No seu espírito. Você logo se tornará Espírito. Quem não dança não conhece Deus.

Como resposta a esse convite, dance por um tempo seguindo a batida rítmica da música ou, se preferir, das batidas de suas próprias mãos. Enquanto se move, sinta o Espírito movendo-se em você. Se continuar seguindo o ritmo, depois de certo tempo não saberá mais e nem desejará saber onde você termina e onde começa o Espírito, pois não faz mais nenhuma diferença, tão tomado estará pelo êxtase do arrebatamento.

Você começa a perceber como o tambor pode ser a chave para o encontro espiritual e a dança, seu instrumento. Meditar dessa forma é dançar, abandonar-se e deixar que as portas do eu se abram.

Se esse caminho lhe parecer apropriado, reserve algum tempo sagrado todos os dias para convidar o Espírito a unir-se a você na dança. Com plena consciência da natureza sagrada do que está fazendo, coloque para tocar uma música apropriada e dedique a dança à comunhão com o Espírito. Talvez, você queira tocar um tambor por conta própria, como um meio de fortalecer essa ligação.

Deixando o lugar onde está o tambor, você aprofunda-se ainda mais na Rosa, chegando finalmente a uma porta com formato de coração.

– Aqui é a entrada para o caminho do amor, – explica o Amigo. – Nesse caminho você encontrará a revelação do coração... a revelação que é o amor que o aproxima de Deus e da criação. O amor abre seu coração de tal maneira que o mundo inteiro consegue penetrar nele para ser amado.

Ao atravessar a entrada para o coração, você é saudado por um homem de barba, em êxtase, vestido com calças largas, sapatos pontudos e um turbante. Ele o abraça efusivamente dizendo:

Há uma estranha agitação na minha cabeça,
de pássaros voando
cada partícula circulando por si mesma.
Estará aquele a quem amo em todas as partes?

– Sim, Mestre Rumi – responde o Amigo –, aquele a quem você ama está em todas as partes.

O Amigo lhe apresenta Jalaluddin Rumi, o místico persa que viveu e ensinou na Turquia no século XIII. Seu caminho é o do coração e da prática espiritual, apaixonando-se loucamente pelo Amante Divino.

– Ele escreveu uma grande quantidade de poesias sobre seu caso de amor – explica o Amigo.

Rumi ri, rodopia um pouco, recitando:

Desistimos de ganhar a vida.
Tudo agora é esta louca poesia de amor.
Ela está em tudo. Nossos olhos e sentimentos
unem-se, com nossas palavras.

– Não posso fazer nada, amigo – diz Rumi –, sou o fantoche da minha inspiração.

Cada fio de cabelo meu tornou-se, por Teu Amor, verso e ghazal,
Cada orla da minha mente tornou-se, para Teu deleite, um barril de mel.

– O que ele diz é verdade – continua o Amigo. – O Mestre Rumi compôs dezenas de milhares de versos: quartetos, odes, um estilo de poesia persa conhecida como *ghazal* e até mesmo uma enorme epopéia espiritual. Do interior dos versos melodiosos jorra uma torrente enciclopédica, um êxtase de sabedoria.

"Rumi conhece tanto o todo como as partes. O caminho do amor espiritual levou-o à harmonia com o Padrão que Conecta a Totalidade da Vida. Pelo amor ao Amante Divino, sua mente e espírito despertaram para todas as coisas a serem conhecidas nos mundos interior e exterior. O caminho do amor pode fazer o mesmo por você."

– Como, então, posso entrar nesse caminho do coração? – você pergunta.

Rumi está mais do que disposto a mostrar-lhe como começar. Convidando-o a sentar-se com ele numa almofada de seda bordada, ele lhe ensina um exercício que os sufis praticam. Eles a chamam de *zikkr*.

– Este – diz Rumi – é o *zikkr* da comunhão com Deus, o Amado.

"Inspire profundamente, pensando na presença de Deus como o Amado de seu espírito. Então, ao expirar, emita três sons no fundo da garganta, que saem bem do centro de seu peito onde está o coração. O som que você faz é "HMMM, HMMM, HMMM.

"Esteja consciente da vibração no seu peito ao produzir esse som. Cada vez que ele subir, sinta a sensação de estar comungando com qualquer divindade, imagem ou idéia que você concebe como o Amado Espiritual de sua alma. Para você que é cristão, pode ser a união com Cristo. Para você que é budista, pode ser com a natureza búdica.

"Sinta e acredite que o Uno, que é o Próprio Amor, está comungando com você, amando você enquanto realiza essa prática.

"Saiba também que esse som profundo é o som primordial. É o som que os bebês fazem quando sugam o leite da mãe. É o som que emitimos quando fazemos amor. Ele se encontra nas profundezas remotas do cérebro. É o som das ondas batendo na praia, depois da sua longa jornada através do mar.

"Permaneça totalmente centrado ao repetir três vezes o som HMMM a cada expiração, lembrando-se de que o Amado está tão ansioso por você quanto você está por ele.

"Se quiser iniciar essa prática no estilo formal dos sufis, faça soar três vezes o HMMM a cada ciclo de 33 expirações: 99 vezes o som HMMM.

"Uma boa maneira de concluir a prática é reconhecendo o Amado e prestando-lhe reverência. Isso você faz inclinando lenta e profundamente três vezes o corpo da cintura para cima. Primeiro para o Amado que está dentro de você. Depois para o Amado nos outros. E, finalmente, curvando-se para o Amado Que É. Depois, fique sentado em silêncio, meditando sobre a experiência."

Inspirado pelas instruções claras de Rumi, tente fazer esse exercício agora, inspirando a consciência da presença divina e expirando com três sons profundos de HMMM. Faça isso várias vezes. Depois, em silêncio, incline-se profundamente para o Amado e fique sentado em contemplação silenciosa, tendo em mente a união com o Amante de Todos.

O *zikkr* da comunhão é uma prática extremamente eficaz porque, quando o som da doçura da união é associado à consciência da presença divina, ele ajuda a afastar os padrões habituais de pensamentos negativos.

Ao levantar-se para ir embora, você vê Rumi à distância, rodopiando e cantando para o Amado:

Minha alma jorra para a tua e funde-se com ela.
Porque minha alma absorveu a tua fragrância, que eu adoro.

Deixando o lugar do coração, você continua explorando o interior da Rosa, atraído para o que parece ser a imagem de um grande olho aberto.

– O olho aberto – explica o Amigo – é sempre associado com o despertar. Exatamente como o olho físico é uma extensão do cérebro, o olho espiritual, geralmente imaginado como estando no meio da testa, é considerado um símbolo da visão espiritual.

"No processo de despertar, o olho físico e o olho espiritual interior tornam-se um só. Foi a essa união das visões interior e exterior que Cristo se referiu quando disse: 'Se, portanto, tua visão for uma única, todo teu corpo estará cheio de luz.' "

Ao aproximar-se, você percebe que o ambiente dentro do olho é totalmente desprovido de decoração; nele um monge, usando um manto simples de cor cinza, está sentado totalmente imóvel, olhando fixamente para uma parede branca e vazia. O Amigo informa-lhe que ele é o venerado mestre zen conhecido como Roshi Dogen, que viveu no Japão do século XIII.

– Ele é conhecido pelos seus modos rudes e surpreendentes de fazer perguntas. Vá falar com ele agora – sugere o Amigo. – Ele concluiu sua meditação.

Você se aproxima e inclina-se para saudar Roshi Dogen. Ele se inclina respondendo à sua saudação. Com uma voz trêmula, você pede a ele que lhe transmita seus conhecimentos.

Em resposta, Roshi Dogen pega uma pena, mergulha-a num vidro de tinta e escreve uma única palavra na parede branca: *Atenção.*

– Tudo bem – você diz –, mas com certeza há algo mais.

Roshi Dogen sorri, balança a cabeça, pega outra vez a pena e escreve, *Atenção.*

– Convenhamos – você protesta –, isso não pode ser tudo. O que mais é importante?

Outra vez, Roshi sorri, vira-se para a parede e escreve, *Atenção.*

Agora você lê a mensagem completa: "Atenção. Atenção. Atenção."

Como você já descobriu em suas visitas às outras partes do interior da montanha, *atenção* significa prestar atenção a tudo que se encontra à sua frente – impressões sensoriais, lembranças e emoções, histórias. A atenção ajuda-o a sair do piloto automático e a estar presente à intensidade do momento.

Quando você começa a praticar a atenção pela primeira vez, você pode precisar parar muitas vezes durante o dia para lembrar-se do ensinamento de Roshi Dogen: "Atenção. Atenção. Atenção." Aos poucos, prestar atenção torna-se um hábito e o mundo e suas relações mudam com ele.

– Tenho certa noção de como trabalhar com a atenção na minha vida exterior – você diz a Roshi Dogen –, mas minha mente está sempre tão atribulada que me perco em pensamentos e sentimentos. O que posso fazer com relação a isso?

Em resposta, Roshi Dogen aponta para o céu azul. Depois, para uma nuvem que passa. E de volta para o céu azul. Ele gesticula com a mão, indicando que você deve prestar atenção no céu azul. Ele move-se para que você se sente a seu lado. Ao fazer isso, você sente uma transmissão súbita de seu ensinamento zen.

Por um momento, você fica sentado em silêncio, em um estado de perfeita serenidade, seguindo as ondas de sua própria respiração. Sua postura sentada é nobre e reservada, como a de uma montanha elevando-se em uma planície ou de um templo erigido majestosamente numa floresta. Você está plantado na Terra, enquanto sua mente está no céu.

Visualize agora sua mente como um límpido céu azul. Quando surgirem pensamentos, imagine-os como sendo nuvens que passam pelo céu de sua consciência. Observe-os passarem, mas não se prenda a eles nem os siga. Enquanto eles passam, volte a concentrar-se na limpidez e claridade do céu azul sem nuvens....

À medida que praticar, praticar e continuar praticando essa meditação simples, você estará desenvolvendo um novo corpo e uma nova mente. As tensões da vida deixarão aos poucos de subjugá-lo. Os potenciais criativos serão saudados com prazer. Paz e clareza de espírito se tornarão um modo de ser.

Depois de se inclinar para Roshi, profundamente agradecido pelo seu ensinamento, você sai pela porta do olho aberto.

Juntamente com o Amigo, você vai até um lugar onde reina a quietude profunda. Não há nenhum som, nenhuma luz, nenhum toque, sabor ou odor e, no entanto, tudo parece estar prestes a brotar desse silêncio denso e profundo. Parece que você também é parte desse silêncio no qual tudo entrou em repouso.

Depois que você tiver descansado nesse silêncio por alguns instantes, surge uma voz do seu interior: "Deixe que o Grande Amigo apareça agora."

Quem ou o que aparece em resposta a essa solicitação eu não posso dizer, porque a manifestação do Grande Amigo é diferente para cada pessoa. Para algumas, ele pode parecer um anjo. Para outras, a personificação da Consciência Crística ou da Natureza Búdica.

Outros ainda podem ver o Grande Amigo na forma de uma deusa ou de um deus clássico, ou nas formas do Feminino Divino – da Mãe Terra, da sábia Sofia, da graciosa Kwan Yin. E pode ser que você não veja absolutamente nada, mas ouça uma voz ou sinta um toque, uma vibração, ou tenha uma sensação da Presença.

Qualquer que seja a forma pela qual o Grande Amigo aparecer para você, lembre-se de que essa figura espiritual é parte de você, habitante de seu mundo interior, sempre disposto a dar-lhe orientação espiritual.

Talvez você queira agora conversar diretamente com seu Grande Amigo. Posso oferecer-lhe apenas sugestões de como você pode querer fazer perguntas ou afirmações.

Talvez você queira perguntar como viver a vida prestando a devida atenção na realidade espiritual. Ouça atentamente a resposta para que possa aprender a distinguir a verdadeira voz da sabedoria espiritual dos incitamentos do ego.

Para testar se a voz que você ouve é a verdadeira, examine atentamente a orientação recebida. Ela o enaltece? Ela sugere, por exemplo, que sua vida espiritual se manifestará quando você for capaz de curar pessoas, de encontrar o parceiro certo ou de criar riquezas?

Se for isso, tome cuidado. Você poderá estar ouvindo a voz do materialismo espiritual, que aparece sob o disfarce de realizações que parecem altamente nobres mas que são na verdade para seu benefício pessoal.

Se, pelo contrário, sua voz interior sugere atos que são de ajuda aos outros e modos de ser que aumentem sua bondade e compaixão, tornando-o mais sensível ao sofrimento do mundo e ao reconhecimento da centelha divina nos outros, então a voz que você ouve é provavelmente confiável.

Você também pode querer perguntar ao seu guia interior sobre como desenvolver suas próprias práticas espirituais. Tendo explorado algumas de suas formas, agora você poderá saber melhor se a sua forma mais apropriada é comungar com a natureza, desenhar, escrever poesia, dançar, tocar tambor ou ficar sentado meditando em silêncio.

Talvez a forma mais apropriada para você seja uma combinação de todas elas, somada de outras atividades conhecidas apenas por você. Pergunte ao seu guia interior o que você deve fazer diariamente ou como aperfeiçoar as práticas que já está realizando. Observe as imagens que vêm à sua mente.

Seu guia interior também pode ajudá-lo a saber como criar um espaço sagrado na sua casa. Você pode ser impulsionado a transformar uma pequena mesa ou cômoda em altar, e colocar ali objetos da natureza – uma planta, um vaso de flores, uma pedra especial.

Você pode ainda querer colocar imagens ou símbolos que se relacionam com forças espirituais ou figuras que representam muito para você – a imagem de um anjo, de uma divindade ou de um mestre espiritual, uma imagem ou estatueta, uma concha, uma vela.

Você também pode perguntar sobre como comunicar-se com o Espírito. Talvez o seu Grande Amigo sugira que você escreva a um guia espiritual todos os dias no seu diário.

Durante anos eu escrevi diariamente no meu computador a um guia interior, que para mim assumiu a forma da deusa grega Atena. O mais intrigante era que Atena sempre respondia. Embora fosse eu quem "escrevesse" ambas as partes do diálogo, parecia muitas vezes que a minha mente entrava em contato com a Grande Mente e que a "resposta" superava o que eu achava que sabia.

O Grande Amigo também pode aconselhá-lo a viver uma vida mais voltada para o espírito, na qual os atos cotidianos tornam-se sagrados pela atenção à Fonte.

Talvez lhe seja sugerido que imagine que a água do chuveiro esteja jorrando bênçãos e luzes purificadoras, não apenas lavando as impurezas físicas, mas também renovando suas emoções, pensamentos e estados de espírito.

Você pode ser inspirado a preparar ceias de gratidão, celebrações da abundância da vida em todas as suas formas.

O Grande Amigo também sabe qual a melhor forma de você manter um estado de ser na Presença Divina.

Você pode ser lembrado de que os cristãos repetem mentalmente a Oração de Jesus muitas e muitas vezes até que ela fique impregnada em seus pensamentos: "Senhor Jesus Cristo, tende piedade de mim." Ou que os budistas usam uma técnica muito semelhante, como o seguinte mantra: "Om Mani padme hum."

Pergunte ao seu Grande Amigo qual poderia ser o seu mantra e não se surpreenda com a resposta.

Lembre-se do caso da avó judia que começou a praticar ioga e a cantar um mantra. Ela havia tirado de algum lugar a idéia de que o mantra era algo "indiano".

Quando seu neto, muito culto do ponto de vista espiritual, visitou-a, ele ficou perplexo e meramente divertido ao ouvi-la cantando, "Cheyenne...Cheyenne".

– Ouça, querido – ela disse, quando ele informou-a de que ela não estava entoando um cântico da Índia –, para mim ele é indiano e para mim funciona!

Como a parte de nosso cérebro que cuida da sobrevivência nos mantém alertas para o perigo, temos uma forte tendência a nos agarrar a pensamentos e sentimentos negativos. Os mantras, cânticos e *zikkrs*, enchem a mente de idéias e emoções positivas, afastando o medo, a raiva, a desconfiança, a inveja e outros sentimentos negativos.

E o que é mais importante, faça ao Amigo a pergunta que sempre vem à tona quando estamos em perfeito estado de comunhão com o Espírito: Como posso servir ao mundo?

Se a resposta não vier imediatamente, simplesmente olhe ao redor e veja o que há para ser feito e faça-o!

É tão simples assim.

O ato de servir – seja confortando um amigo ou salvando as sequóias – trará seus próprios ensinamentos, muito mais do que qualquer coisa que você possa encontrar em um livro.

Esses tipos de trabalho espiritual, bem como outras práticas que podem ser-lhe sugeridas agora ou mais tarde pelo seu Grande Amigo, irão ajudar a desfazer as suas cataratas e deixar que seu Eu Superior brilhe.

Agora, seu Amigo o conduz por um caminho que o leva ao próprio centro da Rosa. Você penetra numa escuridão fascinante que parece encerrar tudo.

Você só tem de pensar em algo para que esse algo se manifeste. Você entrou na Mente do Criador – a Força Criadora no centro de tudo o que existe.

As realidades se precipitam – estrelas e estrelas-do-mar, montes de gelo e sorvetes, montanhas e *microchips*, golfinhos e margaridas. A criação em sua infinita abundância.

Através de tudo isso, abaixo de tudo isso, criando e mantendo tudo isso, está a Presença do Amor.

O Amor que é terno e áspero, sempre desejando mais e sendo absolutamente perfeito.

O Amor que arde em nosso cerne, que nos atrai para o mistério, perdoa nossas fraquezas e nos incita a ser nobres.

O Amor que é a prece que enviamos e a graça que recebemos.

O Amor que move o Sol e as estrelas.

O Amor que é a pulsação da Eternidade no tempo.

Na presença desse Amor, seu coração desfaz as muralhas protetoras para que o Amado possa entrar.

Não há, por enquanto, nada mais a buscar. Você está em Casa, em casa, num lugar sagrado que sempre esteve dentro de você. Você simplesmente havia esquecido o caminho.

Aqui no seu Lar, você respousa na Mansão do Amor. Você compreende como nunca que o seu coração é parte do Grande Coração. Sua mente, parte da Grande Mente. Seu espírito, parte do Grande Espírito.

Você e Tudo tornaram-se água que jorrou para a Água.

Você e o Divino tornaram-se uma única realidade.

"Muito obrigado", você sussurra com gratidão, porque tanto o que foi dado quanto o que foi recebido está aqui no centro de tudo.

Sua visita ao mundo espiritual está chegando ao fim. Ou, melhor, está começando, porque, de agora em diante, você estará sempre ligado, sempre em Casa.

Deixando o centro da Rosa, você e seu Amigo retomam o caminho espiralado através das pétalas celestiais. Um punhado de pólen espiritual agarra-se a você, uma dádiva do centro da Criação, o centro da Rosa. Por ser um pouco viscoso, você compreende que está, agora e sempre, pronto para ser polinizado pela energia infinita do Espírito.

Você começa a jornada de volta à sua vida cotidiana, passando pelo lençol de água que representa a estrada para o Mundo do Espírito.

Subindo o caminho íngreme, você chega à entrada da Esfera dos Mitos e Símbolos. Nela está inscrita a história de seu futuro. Observe por alguns minutos suas imagens transformando-se e veja que histórias emergem. Se você pensar na pergunta: "O que acontecerá se tomar este caminho?", a porta mítica responderá, mostrando-lhe imagens da sua jornada pela vida em forma de mitos e símbolos.

Subindo e circundando o interior da montanha, você chega à porta espelhada para o Mundo da Psique. Você espia para dentro dele, mas não vê nenhuma face nem forma, apenas luz. Depois de sua visita ao mundo do espírito, ele ficou cheio de luz.

Você chega à entrada para o Mundo dos Sentidos. Dele ressoa uma música festiva em sua homenagem.

Com passos animados, você volta a subir e atravessa a passagem para fora da montanha. Pegando a placa de pedra a fim de cobrir a abertura para o interior da montanha, você descobre, para seu prazer, que consegue ler o que está escrito nela:

AGORA, VOCÊ É MAIS.

Como Cultivar a Paixão no Dia-a-dia

Agora, o segredo está revelado. Com os sentidos apurados e a psique aprimorada, com um caminho mítico a seus pés e a imensidão do Espírito envolvendo-o todo em Amor, sua vida pode ser uma obra de arte, uma grande criação, uma paixão de todos os dias.

Você percorreu um longo caminho até chegar a esse lugar. É provável que você tenha sentido como se tivesse passado a vida inteira ansiando por algo ou por alguém que o levasse a ser quem e o que você é.

Agora, a escolha é sua. O Lar pelo qual você sempre ansiou esteve sempre dentro de você. Lembre-se de suas viagens – as paisagens interiores que você explorou, as pessoas especiais que encontrou, os espaços sensoriais e emocionais por que você passou, as histórias que você tornou próprias, o Criador que você descobriu que é. O grande Reino interior é o seu direito natural, a sua fabulosa herança.

Tudo o que você precisa fazer agora é continuar cultivando o solo da sua alma. Assim como você não negligenciaria as sementes que plantou, com a esperança de vê-las produzir verduras, frutas e flores, você precisa cuidar do jardim da sua evolução.

Como você pode fazer isso? Em primeiro lugar, não guarde este livro numa prateleira. Mantenha-o em algum lugar onde não poderá deixar de vê-lo. Mergulhe nele sempre que puder, em busca de alegria e descontração, bem como para aprender, curar e ajudar os outros. Considere-o como sendo um Guia do Viajante que Volta para Casa, com mapas úteis e listas do que existe em cada lugar e de como ir de um lugar a outro.

Quando, algum dia, estiver sentindo-se sombrio, entre no mundo dos sentidos e lustre seus sentidos até eles ficarem reluzentes. Entre em contato com os cozinheiros e músicos, pintores e farejadores e com aqueles para quem o tato é o caminho da glória. Deixe que esses guias interiores lhe restituam o mundo com seus milagres.

Se estiver doente, faça outra visita ao Agente de Cura interior e redescubra meios de recuperar a saúde. Lembre-se da tripulação sábia e solícita que você sempre teve à disposição, mas que raramente consultou. Acima de tudo, fique sempre próximo do Amigo, do seu Eu Essencial, pois ele sabe quem você realmente é e o que ainda pode vir a ser.

Se estiver se sentindo deprimido e perdido, entre em contato com os mitos. Deixe que sua mente lhe conte uma história, alguma que você já conhece ou que sua mente seja capaz de revelar, e viaje com ela pelo caminho maravilhoso da aventura e da transformação. Você traz no seu interior mil aventuras heróicas. Volte à sua vida sabendo que está vivendo uma Grande História, cujo próximo capítulo está acontecendo agora.

E quando o Espírito chamar, responda. A esfera espiritual é a fonte de todas as outras. Nela você volta ao lugar central do Lar do seu Lar. Ali você se aprofunda e recebe o padrão e o propósito que orientam o seu propósito supremo no mundo.

Agora você já tem uma paixão pelo possível. Agora você já pode viver a vida que veio viver aqui. Simplesmente viva-a!

Agradecimentos

Este livro foi concebido na forma de um programa de uma hora para a PBS. Sou extremamente grata a meus produtores e colaboradores, Catherine Tatge, Dominique Lasseur e Kenneth Cavander, por terem trabalhado por tanto tempo e com tanto afinco comigo na criação daquilo que se tornou um programa de tevê incomum e instigante.

Quero agradecer a Joe Durepos, que me levou a escrever este livro e que o colocou nas mãos certas na hora certa e com a apresentação certa. Sua energia e dedicação são míticas. Brenda Rosen, minha magnífica editora, sempre me ofereceu suas sugestões e críticas enquanto trabalhávamos juntas, para encontrar um modo inspirador de apresentar o trabalho e a pesquisa de três décadas. Sem as suas percepções e críticas, este livro não seria tão rico.

John Loudon, meu editor da HarperSanFranscisco, propôs-se a editá-lo de maneira hábil e incisiva, além de sempre me colocar de volta nos trilhos quando eu me desviava de seu propósito, como tenho o costume de fazer. Sua assistente, Karen Levine, esteve sempre presente e disposta a prestar ajuda e a dar informações. E Priscilla Stuckey continua sendo a melhor preparadora de texto que já conheci. Diferentemente de outras editoras, a HarperSanFrancisco mantém seus autores atualizados em todos os seus desenvolvimentos, fazendo-os participar inteiramente da tarefa de produzir bons livros.

Peggy Nash Rubin trouxe clareza e emprestou seu talento ao desenvolvimento do manuscrito. Minha empresária, Fonda Joyce, e minha assistente, Marie Joerss, serviram como cobaias, sempre dispostas a testar o material aqui apresentado. Aprecio especialmente suas idéias originais e sucintas de temas enigmáticos. Sou grata, também, aos alunos de 1997 da Mystery School, que foram os primeiros que ouviram e colocaram em prática essa forma de trabalhar com os quatro planos da consciência. As respostas deles foram inestimáveis. E a Betty Rothenberger, mais uma vez, que assim como fez com todos os meus livros anteriores, emprestou sua visão e ouvido apurados para o aprofundamento e aperfeiçoamento desta obra.

E, finalmente, minha grande gratidão a meu marido, Robert Masters, por sua simplicidade de pensamentos, palavras e ações.

Para maiores informações sobre os seminários, livros e fitas de Jean Houston, escreva para o seguinte endereço:

Box 3300
Pomona, New York 10970.

Seu *website* pode ser acessado em:
http://www.jeanhouston.org

A BUSCA DO SER AMADO
A Psicologia do Sagrado
Jean Houston

Todos nós ansiamos por algum tipo de encontro com o divino que irá nos dar um sentido de unidade com o Universo, com o mundo e com aqueles que o habitam. *A Busca do Ser Amado — A psicologia do sagrado* é um livro que se propõe a proporcionar ao espírito humano um contato com a dimensão sagrada através de exercícios, jornadas míticas e rituais.

Este trabalho extraordinário analisa a natureza da busca espiritual e mostra como o leitor pode tornar mais fácil a sua busca. Ele se detém na análise dos quatro aspectos da Psicologia do Sagrado — a Queda Original, a Jornada Mítica da Transformação, a Descoberta do Grande Plano e a União com o Bem-Amado da Alma.

A primeira parte do livro estabelece o cenário, mostra o segundo plano antigo e moderno da Psicologia do Sagrado e sugere as premissas psicoespirituais, a partir das quais se desenvolve a sua prática. A segunda parte oferece exercícios básicos destinados a sintonizar a mente e o corpo com o trabalho da Psicologia do Sagrado. A terceira parte desenvolve os temas básicos das estruturas míticas e estabelece os processos experimentais relacionados com eles. Na quarta parte, o leitor é convidado a participar da jornada de transformação inspirado na história de dois grandes personagens arquetípicos — Eros e Psiquê — e no caminho extático de Jalaloddin Rumi.

Este novo livro de Jean Houston traça o roteiro de uma jornada às regiões conhecidas e desconhecidas do espírito humano seguindo um itinerário que leva o viajante a locais sagrados da alma, oferecendo como que um passaporte para aqueles que anseiam por sintonizar seus espíritos com as profundezas psicológicas e os mais elevados planos espirituais. A autora nos leva a conhecer as dimensões da tragédia e seu significado profundo e mítico, de modo que nossas feridas possam se transformar em fonte de graça espiritual, levando-nos a uma dimensão mais ampla e mais sagrada da vida.

Um livro de qualidade excepcional e profundamente atualizado com as necessidades de desenvolvimento e de autoconhecimento do homem.

* * *

De Jean Houston a Editora Cultrix já publicou *A Redescoberta do Potencial Humano*.

EDITORA CULTRIX

A REDESCOBERTA DO POTENCIAL HUMANO
Jean Houston

Em *A Redescoberta do Potencial Humano*, Jean Houston mostra como você pode ouvir, ver, lembrar-se e explorar melhor seus recursos interiores. Ela ensina como ter acesso a imagens, idéias e lembranças sensoriais ocultas, empregando estratégias que têm sido usadas por escritores e artistas, professores e terapeutas, atores e atletas, cientistas e empresários.

A Redescoberta do Potencial Humano é um livro sobre *criatividade consciente* que reúne o que há de melhor em termos de métodos para a expansão da mente e da percepção humana, em todas as dimensões.

"Um banquete para o espírito e o intelecto. Seus ensaios são brilhantes e sutis, hilariantes e profundos, divertidos e instrutivos. Junte a tudo isso os exercícios e você terá uma experiência que pode transformar a sua vida."

George Leonard

"Este é um livro esplêndido e surpreendente, concreto porém visionário, baseado em fatos e teoria, mas orientado para as possibilidades que existem no mundo e em nós mesmos. A ser recomendado com entusiasmo."

Barbara Myerhoff

* * *

Jean Houston, professora e psicóloga de renome internacional, foi presidente da Associação para a Psicologia Humanística. Atualmente, é diretora da Fundação para a Pesquisa da Mente em Pomona, Nova York.

EDITORA CULTRIX

ANIMUS E ANIMA

Emma Jung

A essência do mundo é composta do masculino e do feminino. No entanto, o conhecimento essencial da novíssima psicologia não limita o masculino ao homem nem o feminino à mulher. C.G. Jung dedicou especial atenção a esse tema, reconhecendo desde o início que no inconsciente sempre existe o pólo do sexo oposto. Essa descoberta situa-se entre suas idéias mais fecundas e homogêneas: além disso, a reencontramos como fundamento de toda a sua obra.

Nos dois trabalhos aqui apresentados pela primeira vez num único volume, Emma Jung, viúva do grande psicólogo falecido em 1955, apresenta esses dois complexos funcionais da psique, suas formas de manifestação e seus modos de atuação. Sua conscientização, diferenciação e desenvolvimento do mundo arquetípico para a psique individual são uma exigência imprescindível do processo de individuação. Esse processo – que atua sobre a totalidade de todo ser humano – só é caracterizado na *complexio oppositorum*, na elaboração dos opostos.

O estilo claro e conciso, a sábia formulação de conceitos e a sutil e sensível compreensão do mundo de idéias de C.G. Jung tornam este livro indicado não só para psicólogos mas também para os leigos interessados em psicologia.

EDITORA CULTRIX

A ALQUIMIA E A IMAGINAÇÃO ATIVA

Marie-Louise von Franz

Este livro origina-se da transcrição de uma série de palestras proferidas pela dra. Marie-Louise von Franz no Instituto C. G. Jung de Zurique.

Como texto básico, a autora escolheu a obra de Gehard Dorn, um alquimista que deve ter vivido na segunda metade do século XVI. Sabe-se que ele foi médico, clínico geral e que era adepto e fervoroso discípulo e defensor de seu mestre Paracelso. Dorn contribuiu para o desenvolvimento da farmacologia e seu trabalho é notável também por outra razão: ele não só tinha conhecimento dos aspectos psíquicos do trabalho alquímico como também tentou, de forma absolutamente genuína, exercitar a imaginação ativa, conversando com as coisas com as quais estava lidando.

São os seguintes os temas desenvolvidos por Marie-Louise von Franz nos vários capítulos deste livro:

— *Origens da Alquimia: Tradições Extrovertidas e Introvertidas*
— *O Poder Divino na Matéria*
— *O Corpo como Problema: Redimindo a Sombra Cristã*
— *A Mens e o Corpo no Castelo do amor filosófico*
— *Magia Medieval, Sincronicidade Moderna*
— *Vir Unus/Unus Mundus*

* * *

Da mesma autora, a Editora Cultrix já publicou: *Adivinhação e Sincronicidade*, *Alquimia*, *C. G. Jung — Seu Mito em Nossa Época*, *O Significado Psicológico dos Motivos de Redenção nos Contos de Fadas*, *Os Sonhos e a Morte* e *O Caminho dos Sonhos*, este em colaboração com Fraser Boa.

EDITORA CULTRIX

LIBERTANDO O CORAÇÃO
Espiritualidade e Psicologia Junguiana

Lawrence W. Jaffe

> Em nosso mundo moderno, conquistamos a liberdade sexual... Vem agora um problema muito maior: a libertação do coração. É este o programa para os próximos 50 anos.
>
> Marie-Louise von Franz

Com este livro gracioso e poético, Lawrence W. Jaffe nos mostra como e por que a força de nossos sentimentos foi negada por tanto tempo. Ele ilustra como a nossa carência espiritual não só é válida mas crucial para a sobrevivência de nós mesmos, do nosso ambiente e do nosso Deus – qualquer que seja a forma pela qual reverenciamos esse conceito.

Apoiando-se nas tradições cristã e judaica, assim como em sua experiência clínica, o dr. Jaffe analisa nossos sentimentos mais profundos, nosso relacionamento com Deus, a realidade da psique, a busca de um significado, o papel da ciência moderna, a reemergência do princípio feminino dentro da Divindade e o poder de cura inerente na cuidadosa consideração da experiência de cada pessoa.

No centro de todos esses tópicos encontramos a promessa de uma nova dispensação: primeiro Deus escolheu um povo; depois escolheu um indivíduo; agora estamos na transição de um terceiro desdobramento da atitude religiosa – a dispensação psicológica –, na qual o caminho para Deus começa no coração de cada um de nós.

* * *

Lawrence W. Jaffe, Ph.D., é analista junguiano formado pelo C.G. Jung Institute de San Francisco e doutor em clínica psicológica pela Universidade do Sul da Califórnia.

EDITORA CULTRIX

PSICOLOGIA DA COMUNICAÇÃO HUMANA

John Parry

No prefácio deste livro, lembra seu autor que "o ato da comunicação simboliza a necessidade que tem a pessoa humana de manter contato com o seu meio, e só por essa razão pode ser visto como proporcionador de um dos temas básicos da Psicologia. Apesar disso, só recentemente veio a comunicação a ocupar o lugar que lhe compete entre os conceitos psicológicos, e as variedades da comunicação humana despertaram graus muito diferentes de interesse". Em PSICOLOGIA DA COMUNICAÇÃO HUMANA, são descritadas as principais linhas de pesquisa e é cartografado o terreno já desbravado por aqueles que vêm trabalhando ultimamente numa nova e promissora área de estudos: as relações entre Psicologia e teoria da informação e da comunicação, e as contribuições que estas duas últimas disciplinas podem oferecer àquela. Claro, sistemático, conciso e atual em suas formulações, este é um livro do maior interesse para estudantes e professores de Psicologia, Comunicações e disciplinas correlatas.

EDITORA CULTRIX